觀人生
——自我生命教育

鈕則誠◎著

學思歷程與存在抉擇

　　孔子反思人生，表示「吾十有五而志於學」；我身為剛退休的大學教師，回首來時路，發現自己的學思歷程，似乎也始自十五歲。從十五跌跌撞撞行來，迤邐而至花甲之年，多少有些心得；在用刻板的論文書寫之餘，想到取較為鮮活的小品散文加以發揮也不錯，於是便再度提筆。2004年初，我出版兩種討論生命教育的專書，皆附上一篇題為〈五十自述——我的哲學生活故事（1973－2003）〉萬字引言，簡單扼要地描繪出自己從弱冠踏進哲學系，到年屆半百時的心路歷程。由回顧而前瞻，五十歲起發奮圖強，我展開兩段個人「五年計畫」，如今已結束「二五」，終得榮退。包含上述二書與本書，十年間陸續刊行二十二部著作，連自己都頗感意外。寫書是為了記錄所見、所思、所感、所為，只要安排妥當，一旦坐上書桌，活水源頭自然來。我終於嘗到成為作者的樂趣。

　　原本只想到整理一下這些年來的思緒和成果，後來靈機一轉，何不話說從頭，通過反思來系統地詮釋自己的生命故事。為了便於思索，我把過去四十五載的學思道路，

用編年的方式予以闡述,一歲記兩篇;再加上對先前啟蒙時期的十篇回顧,共得百篇。我習於在稿紙上獨抒性靈,一頁半信手拈來,恰到好處;因此這回不只寫一萬字,而是十萬字,又成一部小書啦!編年式的寫作並非記傳;我一介平凡書生,何以為傳?倒是對人生的感懷泉湧而出,不吐不快。至於末尾的附錄,乃是先前的試筆,一併列入以誌對照留念。猶記得十五歲起開始讀哲學書,當年存在主義蔚為流行,我的苦悶少年時期,便有機會從事「存在抉擇」;但是絕對不會想到,這條路一走就是四十餘年。歷經過一段知識大旅行,我仍是那個面臨抉擇的少年;這正是我通過知識洗禮,從常識走向智慧的存在手記。

　　擺脫學術論文和教科書撰述的窠臼,以情意書寫自娛娛人,誠然人生一大樂事。但自娛可為日誌,自說自話便罷;不媚俗的娛人則屬社會參與,期望跟有緣人進行心靈對話。十二年來我秉持「心靈會客」旨趣,共出版四種哲理散文集,本書是第五種,同時列入以「自我生命教育」為名的系列作品第三集。我始終主張生命教育大可海闊天空地「各自表述」,聽者及讀者亦能自由自在地「各取所需」。雖然擔任教育工作者前後三十年,我卻一直希望跳脫制式教育的框架,走向多元教化的境地,「以文會友」正是離退後心之所嚮以及脫俗方向。當然我並非無視於電子媒介的傳播力量,也曾經嘗試通過臉書網誌貼文會友,

但總覺得還是實體書籍具有無可替代的「質感」。對於生命質感的執著，令我以「思者醒客、智者逸人」自許，亦甘為「城之隱者、今之古人」。願朋友們恕我滿口荒唐言。

鈕則誠

2013.10.14. 年居花甲之日

CONTENTS 目錄

觀人生

自我生命教育

意識啟蒙：0－15歲

大時代的故事

　　我生於1953年10月，四年二班生，距中國兩岸分治僅有四年。父親鈕先銘係革命軍人，與民國同庚；他在抗戰期間因兵敗遁於佛寺，削髮為僧，趁機逃出敵手，一時成為大江南北傳奇人物。其後隨行伍撤守來臺，從而決定了我降生世上的時空脈絡背景。六十年來，我離開臺灣這座島嶼，生活在外的時間，總共不過三年，怎麼算都是個道地的臺灣人。但是在成長過程中，卻不免碰上尷尬的國族認同問題；如今回想起，那竟是一個大時代的故事。我不迷韓劇，卻對「明成皇后」印象深刻，甚至到圖書館去翻閱陌生的朝鮮史，目的是想瞭解〈馬關條約〉割讓朝鮮與臺灣的來龍去脈。有割讓才有過去的光復節放假日，只是現今一切都變得相對模糊；放假日改為二二八，教師節聊備一格，好在雙十節猶存。要讓心情適應變局，確實需要一點時間。

　　我的學生時代充滿愛國教育，而愛國教育便是反共教育；這種反共與反攻的氣氛無所不在，連電影院開場前所放的背景音樂歌詞，都是「反攻，反攻，反攻大陸去」。如此長期耳濡目染下來，對岸的「共匪」遂如鬼魅一般地

可怕。猶記高中時半夜偷聽短播電臺，當年大陸正鬧文革，終日要「血洗臺灣」；聞其「他們要打，我們就打；澈底消滅，就澈底舒服」之類喊話，竟覺驚異惶恐不已。以至當我於1992年9月，頭一回由香港羅湖進入廣東深圳，在通關踏上大陸土地那一刻，心中不是近鄉情怯，而是忐忑狐疑。都快四十歲的人了，居然如此反應，可見制式教化影響深遠之一斑。然而當日後某朝選舉之夕，在我所常住的島上，一些族群被人指罵為「中國豬」，輒心情又是另般滋味。縱觀我至今的一生，似乎總有些「夾縫中求生存」的味道。

　　「人既無逃於天地之間，就該學會如何頂天立地」，這是我當上老師以後常講的話。「天地」就是一個人所生存的時空環境，它呈現為特定的歷史社會脈絡。我的個性傾向「一動不如一靜」，鮮有旅人的不羈體驗，生存環境便固著於生活脈絡。好在我好讀書不求甚解，卻也為自己開啟了許多扇窗。此外文人的家學淵源與氣質稟性，讓我走上人文之路，也就註定要跟講究天、人、地「三才」關係的學問，糾纏一輩子了。雖然聽說「讀書可以變化氣質」，但我更認為「氣質可以影響讀書」。我所說的「氣質」乃指心理精神方面的潛在素質；它雖然是一種懵懂意識，卻決定我愛讀的書，選擇我要走的路。而路上的經驗積累與心靈衝擊，又不時牽制和引導我的思路及方向。直到今天，我才用心細說從頭。

小城市 的孩子

　　不瞞大家說，我的身世有些像白先勇筆下的「臺北人」；我們的父親都曾一度在朝，官拜將軍，後來同樣落腳臺北。今日臺北屬於國際城市，但即使已經國際化，相較於北京或上海，它還是格局小了些。不過就像廣告臺詞說的，「小而美」；捷運四通八達，卻難得搭上半個鐘頭，難怪許多人寧願站著也不坐下。我小時候的臺北真的很小，基隆河北邊的士林已不屬於市區，而新生南路往東看則是稻田和青山。市內有火車通往郊外的新店、中和及北投，而鐵路西部幹線的去處，在我心目中則已遙不可及了。日常生活裏最常看見、用到的，則是公共汽車和三輪車。有一陣時光，我記得住所有二十幾條公車路線；而綠色靠班三輪車夫追打驅趕褐色流動車夫的情景，猶印象深刻。印象裏臺北市公車沒有「八路」，因為打敗我們的共產黨是「八路軍」。

　　所有一切都是我心目中的歷史停格：颱颱風淹大水的小城市、招搖過市的三輪車還有遮雨簾、期待公車上出現美麗的車掌等等；以至於有回在南勢角吃火鍋時，看見窗外通過土城開往新店的「八路」新北公車，仍然覺得十

分新鮮。這些年偶有機會瀏覽網路上流傳的臺北市景老照片，不免勾起我潛伏的記憶。記憶隨著現代化的腳步而流轉，而我年幼時所能理解的現代化，大概就是起高樓和開馬路了。由於韓國首爾市整治貫穿市區的清溪江堪稱成功，有功的市長也如願當上大統領；近年便有人提議恢復臺北市瑠公圳的舊觀，讓市民有更多的親水環境。瑠公圳如今埋沒在新生南北路之下，過去則是兩旁種有垂楊倒柳的大水溝；如果水溝不臭，倒還真有幾分雅趣。我至今猶記得臺大側門邊，有座跨越瑠公圳的小木橋；木橋對面，便是如今仍在賣湯圓刨冰的老店。

　　民國四十、五十以及六十年代的臺北市，跟整個臺灣省的發展，似乎不同步，甚至是脫勾的。臺北為政治經濟首善之區，現代化腳步一馬當先，把其他地區遠遠甩在後頭。而當時的外地，即是淡水河、基隆河、新店溪對面的地區。由於早年的臺北市界為河川所包圍，詩人沈臨彬乃有「北島」之稱；現今看來，似有孤島之意。我正是在這座孤島中長大的孩子，有年颱風天站在中正橋上，看見有堤的臺北市以鄰為壑，讓大水淹至對岸無堤的中和鄉，還認為十分有趣。時空流轉，我因為經濟考量，一度由臺北市遷至現在的新北市中和區落戶，每天乘捷運自河床下通往對岸去上班；回想當年，偶爾尚會覺得情何以堪。基於這種臺北人的獨特脈絡與身分，我的思想啟蒙彷彿與同輩孩子不相似，甚至不太相應。如果說有所收穫，或許就是來自這座小城的文化氛圍吧！

外省人的標籤

　　每回到大陸去，除了怕被視為「呆胞」受騙上當而通稱自己是南方人外，我都會言明臺灣人的身分。這其中原本並沒有國家認同的問題，因為我從小被教導，同時也的確生長在臺灣省。至少在我十五歲初中畢業那一年以前，連臺北市都屬於臺灣省的一部分。但是當我擁有身分證以後，上面記載的籍貫，卻是江西省九江縣。正因為這個我到五十一歲時才真正踏上的「故鄉」，讓我從小就被生長家鄉居民，貼上「外省人」的標籤。由於居住在北部大城市，加上就讀於私立小學，此外當時的政府更在雷厲風行推動國語，我並未深刻感受到自己的身分特殊。逐漸意識到這種隔閡，乃是上了高中以後的事情；班上有些外地考進來的同學，講些我莫名所以的閩南語，小圈圈於是很自然地形成。

　　臺灣是一座海島，在清朝劉銘傳治理時期，便劃為中國的一個行省；其後割讓給日本五十年，光復後重歸祖國，身分依舊。這些歷史因緣在我看來，原本無甚疑義；而外地人遷居來此，由於口音和習性有異，起初被視為外省人也無可厚非。聽說抗戰期間大量外地人逃難至四川，

以重慶為陪都，這些居住在長江上游的川渝人，遂譏滬寧一帶難民為「下江人」。抗日軍興，長江上下游尚有一水相連；後來兩岸對峙，一海之隔雖有天險保護，人心卻逐漸出現撕裂狀態。我在這個島嶼上生活超過半個世紀，親身見證了其間過程，多少觸碰及我的心智發展。但是世事變化也饒富意義，「外省人」馬英九和「黑人」歐巴馬，皆以少數族群或族裔身分當選總統，啟發了我對人心多元思考的信心和期待。

兩岸分治至今已超過六十年，一甲子的光陰幾乎是人的大半生，足以改變許多事情。我在臺灣長住久居，島嶼上發生的事件，無不衝擊吾心，與個人氣質稟賦相搓揉，終於形成今日之我。相較於外省人所懷抱的中國意識，本省族群逐漸衍生出來的在地意識，大約在我二十歲上大學前後開始蔓延擴張。一般多將此回溯至1947年「二二八事件」，其後效高峰則為陳水扁八年執政。然而一切到2008年卻起了戲劇性的變化，政黨再度輪替，兩岸大三通正式起步。平心而論，「外省人」稱呼仍意味彼此是「同一國的」。我把這個共同點，視為文化上的認同；縱使分治屬實，文化聯繫卻可以強化。相較於在地意識所追求的族群主體性，我所看重的乃是文化主體性。這已經充分反映在我五十歲以後的書寫中，其根源即是對於身分處境的長期反思。

好動兒的學步

　　以上所論，即是我的出身背景；如果在文革以前的大陸，這些就屬於階級成分。好在我沒有生長於大陸，因為十五歲的1968年，正是文革高潮時期，我非但沒有碰上下放勞改，更開始蛻變成象牙塔裏的知識青年。不過十五歲以前的我，一切卻都在懵懂中；從進幼稚園到初中畢業的十一、二年間，似乎只能用「曖昧」來形容。幼稚園到底是從小班還是中班念起，我已經不記得了；而母親記得的唯一一件事，則是老師告訴她，我調皮得不得了，「一個人當四個人管」。現在回想起來，我的調皮好動，應非生理因素，而是心理上的浮躁個性表現。我至今仍然對許多事情不耐煩，只要沒興趣便待不住，而且越發明顯。令自己都覺得吃驚的是，我居然可以長期坐下來寫書；有幾年每逢寒暑假便伏案振筆，年產兩三本書，一點也不假。

　　為何不受管教的調皮鬼、好動兒，後來會成為大學教授？我雖然不解，卻想到感激。要感謝大時代不斷提供我自行啟蒙的機會；說得更正確些，是沒有干預而讓我自由發展，從而平順走到今朝。小時侯父母聚少離多，終於在我三歲時仳離。九歲以前我由母親單獨撫養，其後她再

婚，我們又共同生活了四年，直到十三歲父親接我去住，從此便在兩個家庭間游走，乃至三十二歲自己成家。由於親生父母只生我一個，繼父亦無子嗣，我自小便像獨生子一般過活。進幼稚園可說是頭一回接觸到別的孩子，同時展開我的學校團體生活。事實上，我這輩子除了到傳播界幹了三年記者活兒外，幾乎全是在學校裏消磨的，連服役都分發到軍校教書。團體生活即是社會化。社會學又稱群學，我上幼稚園雖然不太合群，卻也沒有反社會行為，此當與個性有關。

說到個性，我的特質是既不喜歡管人，更不情願被人管；好在當兵時在教書，否則恐怕就傷腦筋了。擔任正式教職至今屆滿二十五年，近半時間兼行政工作，自認為一事無成；另外一半時間當陽春教授，共出了二十五本書。如此大致印證我應該選擇盡量不受外務羈絆而走自己的路。有人走路會把擋道的石子一腳踢開，我則盡量採取迂迴方式前進。這點早已反映在我自小不與人爭的脾性。印象裏一生中從未與人打過架，拌嘴也多半不了了之。如此看來，幼稚園裏的好動兒，充其量只是坐不住，讓老師頭疼而已，倒也沒有冒犯其他孩子的紀錄。當教授後我一時興起，想到蒐集自己從小到大的成績單；結果發現從小學到大學皆為後段生，直到上研究所才稍有長進。遺憾的是當年念的幼稚園搬了家，不知去處，也讓我的蒙童生涯，永遠活在朦朧之中。

小學生的塑形

　　由於出生於十月中，距離上國小的六足歲要求相差兩個半月；父親說不必再等一年了，就透過人情把我送進私立小學就讀。當年的私小學費其貴無比，我以為父親身為將軍，才供得起我上學；長大後始知道，我從小學一路念到碩士班畢業，學雜費完全由國防部及退輔會補助；至於博士班則靠學校吸收，不但學雜費全免，而且還有教育部的獎助學金可領。如此說來，我總共當了二十二年學生，幾乎沒有靠家裏花一分錢，這點倒是要感謝政府的德政了。那年頭上學，與其說是受教育，不如說是為考試；初中、高中、五專、三專、大學、碩士班、博士班，除了高職、師專和軍警院校外，我算是無役不與。在漫長的大小戰役中，初中聯考是頭一關；這使我的高小兩年，完全生活在惡性補習之下。雖說惡補不好，但我們班三十八人全部上榜，我還考得第一志願，只能說填鴨果真有效。

　　儘管科學家印證了「三歲看一生」的道理，我還是認為自己六歲上小學以前，簡直一無所知。初小階段主要有三科，曰國語、算術、常識也；前二者乃語文與數學的工具性知識，後者則為自然、社會、人文三大知識領域的

入門課。「常識」至今仍為我所喜，只是名稱改為「通識」而已；我擔任專兼任教職長達三十載，自認全屬於實施通識教育，近年更以生命教育看待之。我對工具知識和專門知識，自小既興趣缺缺，又能力不足，似乎註定偏離主流路線；即使當上老師，也不想在專門知識的傳授上費神。如今大學內所傳授的知識，包括工具性、專門性、專業性及修養性四種類型，學生看重的是前三種，我則以後者為職志；甚至不把通識當作知識，而視之為「生命的學問」。這種對生命學問的嚮往，似乎在小學時期便已經顯露出來。

我所念的學校叫「私立復興小學」，是蔣夫人宋美齡創設的婦聯會所興辦；入學頭兩年位於市中心省立博物館斜對面南陽街口，中高年級以後則遷往東區敦化路新校舍上課。復小現址為地價最高區段，但在半世紀前乃是荒煙蔓草一片；縱貫鐵路從附近通過，旁邊盡是亂葬的墳頭。記得上聯課活動時，同學們步出校門便一哄而散，在墳堆裏東奔西跑，好不快活。膽子大的敢動手去掀骨骸甕，只見一顆骷髏頭無語問蒼天。這種奇特的經驗，令我心存畏懼又萌生好奇，彷彿為我日後從事生命倫理學、生命教育、生死學、殯葬學一系教學與研究工作，埋下了充滿玄機的伏筆。雖然兒時惡補不斷，我的成績也差強人意；但從早年起，我就對文史相關事物表現出較強的興趣與關注。這或許正是稟賦氣質的作用吧！

初中生的探索

　　我這個人沒什麼特別嗜好，好吃好喝而已，卻不講究品味。小學上初中階段，大概在長個兒的關係，一頓吃五碗飯，進大學後更有八碗的紀錄，而念碩士班時有回則四小時灌下二十二瓶啤酒。如今這一切皆成夢幻泡影，年少氣盛造成老大徒傷悲；胃腸不輪轉，有錢也買不回健康。既然物質生活不堪造就，老來只得修持精神生活；而我的精神生活算起來應是從初中啟蒙，高中正式展開。反思自己的心智啟蒙，多來自集郵票、看電影、讀雜書，這些留待後面再談；倒是上了初中以後，似乎面臨著一連串的學習障礙。話說我們那個時代進初中必須通過聯考，而免試升學的國中，是在我初中畢業那一年才起步；換言之，我從來沒有當過國中生。由於不屬於九年義務教育，當年的初中幾乎仍以升學為唯一目的，公立學校也不例外。

　　小學考初中、初中考高中、高中考大學，真可謂「大考小考何時了，考試知多少」。而我上初中後，頭一個學習障礙便是英語。還記得正式開學前，家人隨俗地讓我去補習班學習洋文入門，不料一上來就被KK音標打敗。由於學國語用注音符號，我對蟹形文字的學習，也以注音去炮

製，結果念得一塌糊塗，只好回頭去補強音標。大概是舌頭不靈光，加上KK之外還有什麼萬國音標，英語跟美語似乎也有些差距。我一時給弄得迷迷糊糊，竟然造成一輩子不靈光，至今英語仍是霧煞煞、鴉鴉烏。雖然在美國待過一年多，長期以來，我仍然對自己的外語能力不足感覺困擾；直到2008年，發現該屆日本諾貝爾物理獎得主益川敏英，也是終身盡量逃避講洋文，且從未出國，心裏才算踏實些。再加上我以前服務過大學的校長，更標榜國粹派自居，以不識外語洋文為榮，多少也讓我釋懷。

洋文不靈，照說應當在國文方面有所表現才是，無奈此亦非我所長。我必須承認，初中的五項主科：國文、英語、數學、理化、社會，我除了社會科勉強帶點興趣外，其餘皆不堪聞問。國文敗在文言文不會斷句，英語陷入發音與文法的泥淖中，代數與幾何比起算術難上許多，物理化學看似具體卻甚抽象，唯有歷史地理跟我愛看的連環圖畫相呼應。這種學習上的落差和偏差，必須靠補習方能應付聯考；結果是我高中和大學各重考一次，才得以進入理想學校。至今猶為社會主流價值所看重的英語與數學能力，我從初中時代便幾乎完全放棄，以至長期與主流脫節。這倒讓我深自反省，認真評估主流價值為何物；也就從意識啟蒙的時期開始，有意無意地把自己打造成非主流的另類人物，更沒料到日後尚有另類與主流並存共生的後現代處境。

集郵票 的興趣

　　好吃好喝是我年輕時的嗜好，如今因健康日差，不得不收斂許多。至於個人興趣方面，回想起來，在十五歲以前所培養的，不外集郵票、看電影、讀雜書三者；前二項已逐漸淡化，後者則持之以恆。說起集郵票，在我看來，屬於最廣泛收集癖的一環，而且是相當正向的一種。印象中我兒時的收集品，除了郵票外，還有錢幣、連環圖畫書，以及泡泡糖畫片。當年有一種「白雪公主泡泡糖」，紙盒中夾有一張人物畫片。這種畫片共分四組，取《三國誌》、《封神榜》、《紅樓夢》、《西遊記》人物各百名製作而成，集得任一組連號百張，便能換取一臺自行車。我費了數年功夫，四組都無法集滿百張，卻意外地對這些古典章回小說有了初步認識。如今這些畫片仍留存在身邊，以紀念中小學時期的單車夢。

　　老實說，我至今也未曾用心讀完幾部章回小說，腦袋裏裝的故事，除了來自對畫片人物的興趣外，就屬連環圖畫和改寫的故事書。它們構成我早年僅有的文學底子，想來也少得可憐。相形之下，真正用心做過的事情，恐怕只有收集郵票算得上。我集郵的時間不長，總共只有十年左

右，從十歲至二十歲。上了大學一味起勁地玩，就把這方寸天地給拋在腦後了。當年集郵乃是郵局重要的服務項目之一，標榜「怡情、益智、儲財」三大功能，如今再加上「會友」一項。郵迷如果不想排隊搶購，還有訂購服務，保證一套也不缺。我不知道自己算不算標準郵迷，不過必備的量尺、夾鉗、放大鏡等鑑賞工具，倒是一應俱全；連報導相關消息的《今日郵政》雜誌，也都長期訂閱。別看這一張張小小紙片，裏頭學問可大了；我的中國近現代史常識，有一部分便是從郵票目錄中得知的。

說集郵能夠「益智」不為過，「儲財」更切合實際，只是「怡情」、「會友」尚不足以形容那股熱情甚至狂熱。為了收集較有價值的首日封、小全張、小型張、帶編號的四方聯等名堂，我除了繳費訂購外，仍然在發行當天一大早去郵局排隊選我所愛。印象最深的一次，即是「清明上河圖」首次發行日，距高中聯考不到一個月，我卻顧不得讀書，清晨不到五點便前往排隊。昏暗天色中，居然已有不少同好捷足先登。由於我這十年的集郵經驗，大略可以瞭解什麼叫做「粉絲」，或體會出一個人對於癖好的執著，其背後動力正是狂熱。我始終認為自己不曾對任何事物有過狂熱，頂多熱衷一陣而已。把集郵當功課作，的確是難能可貴的體認。如今用功的不是這類專技性活動，而是性靈書寫。「我手寫我心」是眼前的擇善固執，即使只得孤芳自賞亦無不可。

看電影的歡愉

　　我稱不上影迷或影癡，但算起來滿愛看電影的。從前看電影非得進影院，後來電視也可以播映，如今則發展成「藍光」光碟，可以坐在家中身歷其境。不知道為什麼，我在過去二十年間，踏進電影院的次數幾乎屈指可數，平均兩三年才光顧一回。相較起年輕時一週跑上兩三回，可謂天壤之別了。也許是懶的關係，加上年紀大容易跑廁所，種種原因使我不想進電影院，也就連帶對熱門電影抱著可有可無的態度。任何新片我都寧願等影帶光碟問世，或一兩年後再上HBO頻道去觀賞。雖說狂熱不再，不過我把影片當作課題來研究的態度和作法，卻始終如一。這種功夫始自小學時開始收集電影說明書；那時候進電影院看首輪片，可隨手取得一張中文劇情介紹。我便由此認識演員，心目中也有了嚮往的夢中情人；不過，故事情節仍然是主要的關注焦點。

　　我的觀影經驗，多少跟我的哲學態度相呼應；我喜歡清風明月、海闊天空式的哲理表述，對那些超越玄想、不知所云的論點始終敬而遠之。我一度自卑地認為本身不具想像力、沒有深度，後來終於確定別人也有可能胡說八

道。我認為生平最欣賞的電影是一部科幻片「2001年太空漫遊」，它為觀眾的想像力提供了最大的保留空間；然而我卻對「星戰三部曲」、「魔戒三部曲」、「哈利波特系列」、「駭客任務系列」、「變形金剛系列」等興趣缺缺。往深一層想，熱門時髦的事物大多難以吸引我，是否我的品味有問題？還是心境真的跟一般人不搭調？我絕不自命清高，各種類型的電影也都能接受，卻受不了驚世駭俗及譁眾取寵的作品。這意味我所追求的是一套淺顯易懂、平凡務實的哲學，也就是我堅持了三十幾年的「常識實在論」觀點。

小時候總巴望著大人帶我去看電影，由於母親為京劇票友，連帶也對黃梅調有所喜愛。眾所周知，黃梅調電影「梁山伯與祝英臺」曾經風靡全臺，堪稱空前絕後，至今仍未有能與其匹敵者。該片上映時我才十歲出頭，居然也看過十遍以上，聽說還有人看上百遍仍樂此不疲。流風所至，電影裏所有的曲子我都會唱，而這些本領在那個年頭，可說一點也不稀罕。對特定影片的癡迷程度，對我而言也是空前絕後的。日後我一度發心研究電影，甚至想報考影劇科系，但這一切隨著我的虎頭蛇尾，不久也就煙消雲散。不過回想起自己從小愛看電影的經歷，不得不承認它其實對我有著深遠的潛移默化啟蒙影響。還記得我曾經閱讀過一份名為《影響》的電影雜誌，它那種哲理式的分析，似乎也對我考哲學系有著推波助瀾的效果。

讀雜書的自學

　　雖然身為大學教授，我對學生似乎起不了什麼以身作則的作用，充其量一介教書匠而已。反思此生也遇見不少老師，有些博學多聞，有些則高風亮節，卻沒有用心去追隨過那一位。綜觀自身所學，真的是「自學」成分居多，就這麼一路跌撞摸索到今天。我的自學亦無方案可言，就靠讀雜書不斷滿足心智的饞求。雜書者，非上學所用課本也。我從小便對教科書沒啥興趣，功課也從未好過；大半輩子靠讀雜書過活兒，倒也過得愜意。兒時讀的雜書包括連環圖畫和古典文學改寫的故事書。不知道為什麼，我不太關心諸葛四郎和魔鬼黨，卻偏愛阿三哥、大嬸婆、小俠龍捲風，以及地球先鋒號。當時連載漫畫的雜誌有許多種，印象較深的包括《東方少年》、《模範少年》、《少年之友》等；每週固定的出刊日，我都會準時到租書店去報到。

　　我至今還記得幾位漫畫作家的大名：劉興欽、陳海虹、陳定國、錢夢龍、游龍輝、葉宏甲、黃鶯等，尤其是畫《地球先鋒號》的黃鶯，他後期作品玄之又玄，簡直不知所云，莫非走火入魔？總而言之，這些作家的筆下人物

與功夫，構成了我們這一代「四年級生」的集體記憶。它們最大的特色是帶有濃厚中華文化氣息的本土化，完全不見東洋風。相較於現今哈日風氾濫成災，我認為當年政府限制東洋文化進口，的確是一大德政。不過早年日本電影是可以上映的，待我上高中後才逐漸消失，取而代之的則是日本漫畫。相較之下，我對日本電影倒頗有好感；像早期黑澤明、小林正樹，近年森田芳光等導演的作品都不賴。而「一公升的眼淚」電影版及「送行者」，則是我上生命教育課的視聽教材，學生亦頗為受用。

　　漫畫以外還有故事書，二者對我的啟蒙作用幾乎同樣深遠。我必須承認，自己僅有的中國和西洋文學基礎，無非就是十五歲以前從雜書中讀到的。上高中後，我除了繼續對電影的狂熱外，一度十分喜好閱讀當代文藝小說。為此我成了不折不扣的「牯嶺街少年」，流連於舊書肆中，到處蒐羅民國三十八年後二十多年間，臺灣所出版的文藝小說。文藝小說不是坊間流行的言情小說，而是真正有血有肉的文學作品，像王藍、徐速、趙滋蕃等作家的長篇，讀來真是深受感動，感動到甚至想去考中文系。無奈我對文言古文望而卻步，加上高中同時也對存在主義思想產生強烈興趣，到頭來終於選擇考哲學系。可以這麼說，我的生涯發展大致上是從讀雜書的經驗中決定的；當時壓根兒沒考慮前途出路，只想到能多讀雜書便很快樂。

少兒期 的啟蒙

　　回顧我在十五歲以前的兒童與少年時期，所受到的意識啟蒙，對於日後學思歷程有所影響者，大抵以讀雜書最為深遠。我嗜讀雜書，卻不耐讀正書，所以功課不佳，成績尤差；但我終究讀成大學教授，且以教導學生讀雜書為業。我教的是所謂「正課」以外的通識課，在學生心目中屬於營養學分；而我所在意的，乃是為年輕學子真正地添增幾許心靈養分。往深一層看，我從小到大，學校所教的「正課」，幾乎都是一些能夠令人順利謀生就業的專門知識，例如語文、數學、電腦、商管、醫工等等；而我所嚮往的人文世界、哲思境界，全都不容易拿來混飯吃。偏偏我愛的就是這些，也成功地靠它謀生糊口，足見事情並不能一概而論；而追求熱門行業，在我看來也不保證一定成功。遠的不說，金融海嘯襲擊下，理財專家和資訊人員紛紛失業便是一例。

　　當然人文學問原本便不易就業，尤其走到少子化的今天，連當老師的工作機會也大幅減少。但事在人為，沒有必要媚俗地擠熱門、趕流行。我有七年時間擔任師資培育教師，以培養未來的中學老師；這些師資生大多在國中

實習，出路也以國中教師為主。現在的國中就是我以前念的初中，在我的經驗裏，國中生如果能獲得充分的心智啟蒙，則上高中後便能做出較為適當的存在抉擇。我希望年輕老師能夠「慧眼識英雄」，鼓勵那些更年輕的孩子去主動摸索，走出自己的路。我的初中階段還是升學至上，學校只要讓我們上榜即大功告成。結果我雖然順利考上高中，卻念得不十分順利，弄到高中和大學各重考一次；別人念三年，我卻足足花了五年時間才進得了大學。不過這五年並沒有白過，它激發出我的存在意識，讓我形成終身受用的存在抉擇。

孔子說「吾十有五而志於學」，我基本同意他老人家的看法，並且用自己的生涯去加以印證。不過我生性魯鈍，總是比別人晚開竅，慢半拍。算一算我從十五歲有心向學，至二十五歲念碩士班時才初步摸索出方向，此後三十五歲拿博士學位，四十五歲升等為教授，到五十五歲始嘗試建構自己的思想體系。我雖然學的是哲學，卻越發認為本身不屬於哲學專門共同體，而是主流以外文史哲不分家的人文學者，關注的則為「生命的學問」，希望在六十歲前後拈出一套完整的人生論述。從十五歲到六十歲，我花了四十五年時間，終於悟出「中體外用」的治學綱領，並以「六經註我」為學問工夫，以追求「享閒賞情趣，親性靈體驗；做隱逸文人，過澹泊生活」的人生境界。接下去我就以五年為一個段落，來鋪陳漫長的學思歷程，並提出人生典範轉移。

存在意識：15－20歲

新數學 的挫敗 (1968-69)

　　十五歲那年，我考取臺北北投的復興高中，每天搭乘火車上下學，過程彷彿郊遊，心情卻不輕鬆。因為學校距離住家甚遠，天候漸冷讓我經常睡過頭，以為搭晚一刻鐘的班車沒啥大關係，卻因此遲到次數太多，操行分數竟然不及格。教官說只要下學期平均及格就成，我心想恐怕熬不到那一天，所以連休學都沒辦，便自動退學了。說急流勇退也好，說望而卻步也好，我選擇離開剛起步的高中生活，回頭到補習班去拚重考，多少有些受挫下的逃避，同時也尋求喘息機會。倒不是學校的緣故，問題出在課程；我正巧碰上四十多年前科學教育的改革，被當作第一批受試白老鼠，結果在迷津中被整得團團轉，只好自己挖個洞鑽出去逃之夭夭。印象裏讓我感受重大挫敗的，即是當年由美國引入的「SMSG新數學」。

　　與「SMSG新數學」同步上陣的，還有「PSSC新物理學」、「CHEM新化學」，以及「BSCS新生物學」，這一整套照單全收的美國高中實驗性數學與自然科學教材，據說是美國人受到1957年蘇聯發射第一顆人造衛星科技領先的刺激，決心從基礎科學教育改革起，所設計出來嚴謹

周詳的新式教材。自然科學因為有實質對象可供參照，對我而言學習起來還不致太困難。唯有數學一科，和我在初中所學完全不同調，使我一踏進高中即栽了大跟頭；理由無他，我的直觀式學習方式，與新數學所強調的邏輯推理根本不相應。這種慘痛經驗，令我對日後孩子們學習所謂「建構式數學」的痛苦遭遇感同身受。課程改革出於學者專家的頭腦和手心，卻讓年輕的心智彷彿逃不出如來佛的手掌心；課程改革與教學實驗危害之甚，莫過於此！

　　一如數學為科學的基本工具，有人強調邏輯乃哲學之工具；此說似是而非，實已積非成是。至2013夏榮退，我涉足哲學已歷四十餘載，從事研究超過三十寒暑，以此為業亦達二十多年；對邏輯的態度始則敬而遠之，今更不以為然。不懂數學或許難以深究物理，但未諳邏輯照樣可以學通哲理。數學為人工符號，需要加以學習；邏輯卻反映人心思緒，屬於正常人的天生能力。把邏輯無限上綱，視為哲學的重要內涵，作為其核心價值，甚至引申為數學的基礎，乃是英語國家在二戰後的一偏之見，與歐陸思想的多元發聲大相逕庭。不幸的是，正是在這種思潮風氣影響下，美國人在近半世紀前把數學教育聯結上哲學的邏輯主義，一如近年聯結上心理學的建構主義，均使全球追隨美式教育國家的孩子為害受罪，而我正是其中的過來人。把數學邏輯化、抽象化，令我莫名所以，終於漸行漸遠。

科學夢 的重振 (1968-69)

　　我承認自己的數學很爛,但並非一片白癡;考大學時僅得十六分,部分因為瞎填答案倒扣所致。短暫留美時,統計考得全班最高分,大概得之於我勤作習題,加上老美不用功。總之,我的數學夢碎於高一時,卻巧妙地為科學夢所彌補。那年頭距離楊振寧、李政道得諾貝爾物理獎僅有十載,中小學生作文題「我的志願」皆曰「科學家」,我也不例外;即使數學一塌糊塗也不氣餒,何況感興趣的乃是離數學較遠的生物學。在復興讀高一上時,尚未及接觸化學及物理學,倒是生物學念得相當得心應手,心想要做科學家大可走這條路。下學期退學補習重考時,常蹺課去西門町看早午場電影;有回在豪華戲院看新藝拉瑪立體大片「2001年太空漫遊」,全場不到十人,卻成為此生最難以忘懷,也是影響最深遠的觀賞經驗。理由無他,心智為之開竅是也。

　　「2001」取材自英國科幻作家亞瑟克拉克的短篇,由美國鬼才大導史丹利庫比瑞克執筒,片長近兩小時半,對白卻不足一小時,幾乎完全靠畫面說話,令我大開眼界。2008年我意外購得此片光碟,得以回味四十年前的奇幻之

旅，並放給大學生看，無奈多覺沉悶。此片格局甚大，至少涉及星際旅行、時空相對、視訊傳播、冷凍存活、人工智能、文化演化等科學及技術方面的新知，相當發人深省。當年我前後買票進電影院看了三遍，接著便堅定信心，一定要做科學家。這股科學夢一直持續到我三十二歲念哲學博士班二年級時，還想去報考學士後醫學系。結果事與願違，乃改弦更張，以科學哲學為題寫博士論文。如此一來，固然終結了長達十七年的科學家之夢，卻也同時滿足了我的補償心理：念科學不成，研究科學哲學總可以吧！

「2001」拍攝於我十五歲之際的1968年，那年大陸的文化大革命正值巔峰，全世界的學生運動則風起雲湧，我作為一個流連於補習班的苦悶少年，卻在電影院中找到心靈的最大慰藉。至今我仍對科幻片保持一定興趣，但僅限於具有科學基礎和人文價值的少數片子，否則我寧可去看警匪動作片當作消遣娛樂。現在回想起來，我的科學觀主要集中於生物演化的人文意義，這也是為什麼上大學後，我讀得最有興趣的書籍之一，即是法國諾貝爾醫學獎得主賈克莫諾的科普名著《偶然與必然》。此書為演化論奠定分子生物學基礎，並賦與其存在主義詮釋，可謂深獲我心。分子演化論指出，人類出現純屬偶然，然而一旦演化成高等生物，其命運便有可能操之於己；人生意義的彰顯，即在於作出妥善的存在抉擇。我從科學中提煉出初步的存在意義，再從人文實踐中將其發揚光大。

三省中 的孫山 (1969-70)

　　成語中有「名落孫山」一辭，講一名為孫山者，考中舉子末名，其後其外皆落榜。我頭一番念高中，因為種種莫名奇妙的原因半途而廢，回頭重考，且立志要上「三省中」，此乃當年臺北學子的期盼。「三省中」，建中、附中、成功三者是也；這是指早年在臺北市的三所省立高中，其實在我入學前，建中、成功已改隸為市立，而附中則隨師大水漲船高升級為國立，不過一般仍多以「三省中」稱之。「三省中」名列聯考男校排序前三名，女生則以北一、中山、景美相對，甚至連校際聯誼也講究門當戶對。至於其他參加臺北聯招的高中，就屬於男女合校，未及性別特色了。我曾經念過排名較後、校址也較遠的市立復興高中；既然決心重考，當然想進入位於市區的「三省中」。不曾料到的事情，竟然是我居然以吊車尾名次考上成功高中。

　　還記得去學校報到那一天，工作人員拿著一冊厚厚的錄取考生資料夾，問我考幾分，答曰「三百六十五分」。他頭也不抬地從最後一頁翻起，赫然看見我的大頭照。那年我有幸考上「三省中」，已經很高興；後來再查閱報

紙，發覺成功以我的分數為錄取線，更覺得幸運。令我驚異的是，這種幸運一直伴隨我連闖三關，包括大學和碩士班，皆以末名考取理想志願；至於博士班，則進步為倒數第二名上榜。我這個人生平無大志，雖每役必與，卻只求莫要名落孫山。嚴格說來，我僅能算是「三省中」日間部的孫山，其後者既未落榜，更有機會上三校的夜間部。不過高中讀夜校，想來就很辛苦；我雖然吊在車尾端，但考取當時人們心目中的「三省中」，也算是個小小的光榮事。可惜入學後成績仍舊持續吊車尾，就此一直光榮不起來了。

　　重考的1969年還有一樁插曲。話說補習班為了拚業績，要求我們盡量報名參加各種考試，於是我同時也報考了五專，但對師專及高職卻提不起興趣。記得那年五專聯招剛開始實施先考試後填志願的新制，而我因為高中考得尚稱順利，所以考五專也相對輕鬆起來，每科幾乎都是頭一個繳卷；而收到成績單時，分數也高得令我大呼意外。當時我根本搞不清五專是念什麼的，只是收到通知，發現有五天選填志願的時間，我被排在頭一天上午遞送成績單，覺得與有榮焉，乃躍躍欲試。為迷信名牌，我堅持填寫臺北工專的六個志願，結果列為礦冶工程科備取。不出幾天，遞補通知寄達，要我立即去報到。我再三猶豫，總想到「礦冶」不免要進礦坑，著實令人害怕；加上高中已上榜成功，於是決定捨五專念高中考大學，生涯便依此而定。

牯嶺街的少年 (1969-70)

對於十六歲那年，我同時考上理想的高中和五專，結果選擇念高中的際遇，至今想來，仍然覺得有些不可思議。因為當年一切完全憑藉直覺在決定自己的生涯，根本算不上是人生的存在抉擇。如今回想，如果高中差一分落入夜間部，我也許會毫不考慮選擇臺北工專；然後呢？也許像一位名詩人念了七年才畢業，最後仍然棄工從文，或者根本讀不完五年便退學了也說不定。想起當時對新數學一竅不通，竟然還想念工科，結局如後者的可能性確實較大。不過既然重新考上高中，一切雖不再新鮮，卻也駕輕就熟，我也樂得做一個快活的新鮮人了。那個時期的樂趣，一是下課後到學校對面的小麵店去吃上兩大碗牛肉湯麵，再者則為吃完麵騎單車去牯嶺街逛舊書攤流連忘返永和的家。二度高一生活，大抵便是這樣度過的。

牯嶺街是靠近建中的一條僻靜小街，早年以街道兩旁林立的舊書攤而知名；後來建中畢業的大導演楊德昌拍了部「牯嶺街少年殺人事件」，講一名建中男生在牯嶺街刺殺讀北一女友的故事，更讓這條小街的大名滿天下。2005年初，我去江西南昌參加學術研討，會後上廬山賞雪，落腳於一名為牯嶺的小鎮，始知這條在臺北市與南昌路平行

的小街之由來。更讓我驚異的是，無論是著名的廬山，還是有書卷味的牯嶺，現今都隸屬於贛北九江市的轄區內；而九江正是我身分證上登載的歷久彌新「籍貫」之所在。身為九江人，憶起年輕時流連於牯嶺街挖掘精神食糧的情景，雖然一切僅係歷史性的偶然，但總讓我覺得冥冥中似乎有些牽連的線索。我這一生以文人身分應世，以講授人文學問為業，可說就是從牯嶺街的書堆中伸出頭、回過身的結果。

　　一九六零、七零年代交替之際，大陸仍在鬧文革，臺灣則逐漸陷入外交危機之中，而越戰更是鑼鼓喧天。我作為一名十六歲的苦悶少年，對功課毫不關心，跟老師同學也若即若離，每天只巴望著趕緊下課，然後同兩個過去復中的死黨，相約到牯嶺街尋寶。那年頭我愛讀三種類型的書刊，其一為從牯嶺街蒐羅到的破舊文藝小說，涵蓋1949年至1969的二十年間；其二為大書店所賣的「新潮文庫」之類西方思潮新書，尤其是有關存在主義的文學與哲學作品，越不懂越愛買；其三則為牯嶺街附近南海路上「美國新聞處」所出版的《今日世界》雜誌及一系列科普書籍。正是這些伴手讀物，伴隨著我的心智成長；它們對我的潛移默化作用，至今仍能強烈感受到，並深自回味。科學讓我追求真、哲學帶我思索善、文藝引我貼近美，多年來我正是依此順序，次第建構自己的思想體系的。

校刊社的筆桿 (1970-71)

　　高一沉湎於跟兩個昔日死黨逛大街、讀雜書，未把課業當一回事。持續吊車尾的結果是，輪到高二分組時，就很自然地被編入社會組。十七歲時開始念社會組，意味我的自然科學夢勢必得告一段落。好在我的十七歲並不寂寞，因為發現了社團活動之樂。我積極參與學校社團活動，一直延續至碩士班才淡出。高中時代熱衷的是編校刊；上大學後除繼續爬格子外，還粉墨登場上臺去跑龍套，過足戲癮。報刊和戲劇兩類社團的玩票經驗，日後竟一度成為我的謀生活兒；退伍後有三年時間，我在電視臺當雜誌編輯和節目編劇，哲學本行則完全用不上。回想起自己在中學時便選擇加入編輯性社團，多少跟父輩們從事此道有關。家叔鈕先鍾早年擔任《臺灣新生報》總編輯，而家父鈕先銘則曾任正中書局總編輯；耳濡目染之餘，我也喜歡在字裏行間追求一片天。

　　平心而論，我念的成功高中在「三省中」內，是以校風保守出名的；而狹小的校園，亦不免限制住學生的活動甚至想像空間。在這所保守的學校裏，我認識了幾名不安於室的好事者，把校刊當成自己發表議論的園地，上天下

地無所不談；結果差點誤觸地雷，被訓育組長找去約束規訓，並威脅說再不安分便將被退學處分。後來我才悟出這便是文字獄的雛形，而在那個警總當道的戒嚴時期，我們幾個叛逆青少年，想通過校刊文字放言高論，無異癡心妄想。不過這般經驗確實難能可貴，而我那追求主體存在與個人自由的生命情調，也在這個時期逐漸浮現。也許可以這麼說，我在校刊社揮灑廝混一年，所得到的心靈衝擊與智性收穫，或許比高中三年的正規教育還要來得多。以至於後來在大學四年亦復如此，我想這些便屬於我的「自學方案」吧！

回憶起高二生活，幾乎是以社團為業；對照於高一及高三的獨來獨往，二年級算是交了不少同道。那時候有個社友瘋迷搖滾樂，我也跟著瞎起閧；更有早熟的同學撰文介紹存在主義，令我深感敬佩。此外我還愛讀討論電影的文章，當時有位念臺大法律系的建中校友但漢章，在母校刊物上發表一系列影評，開拓了我的見識。但君係我遠房姻親，臺大畢業後赴美國洛杉磯加州大學專攻電影，拿到碩士學位後，還拍過幾部口碑不錯的國片；可惜英年早逝，思及仍感懷念。存在哲學加上電影藝術，既構成我高中時期思想發展的主調，更呈現在日後考大學的志願表上。我完全背離主流，堅持選擇考乙組念文科，只填哲學、教心、法文和影劇系；填法文是想去法國學電影，足見電影對我的魅力之大！

圖書館的常客 (1970-71)

　　當年的中學門禁森嚴，我們幾個混混卻可以利用編校刊的機會，請公假外出採訪或跑印刷廠；這種得來不易的特權自由，是一件極令人興奮與刺激的事情。不過大白天老往外跑，久之也無處可去；後來我自己收了心，因為發現學校內另有寶庫，那便是圖書館。我不記得初中時上過圖書館，高一時喜歡的則是舊書攤；直到上了二年級，我才開始往學校圖書館裏面鑽，偶爾也會去臺北工專旁的省立圖書館閒逛。由於成功是日據時代設立的臺北二中，歷史悠久，館藏也相當豐富。不過大概是老書太多，我踏進書庫，聞到的不是書香，而是一股令人記憶深刻的霉味。也許我從未想到過，正是在牯嶺街的舊書攤邊，以及成功高中的圖書架下，我逐漸被薰習及薰陶成為一個「讀書人」，日後更成為不折不扣的「教書匠」，近年則加上筆耕不輟的「寫書者」。

　　成功高中位於臺北市中心，由於四周皆為馬路，限制了校地的擴充，只能向上發展。當年東廂的樓層中便包含圖書館在內，此外還有一座鮮為人知的昆蟲博物館。因為校內有位生物學教師陳維壽，是國際知名的蝴蝶專家；他

花了畢生精力周遊列國，捕獲不少稀有品種的彩蝶，製成標本後供人研究及觀賞。為推廣自然生態教育，學校特別為陳老師所捐出的個人珍藏，成立博物館以向外展示。如此一來，除了人為的書本學問外，我們還有機會見證大自然的鬼斧神工。作為人類比較能接受且願意親近的昆蟲物種，蝴蝶意象經常出現在文學作品中，信手拈來便有「莊周夢蝶」及「梁山伯與祝英臺」的故事。但是真實世界中的奇幻蝶影，必須放在特定生態脈絡中，始能得到較為充分周全的解釋。我後來對生物演化觀點產生興趣，多少跟高中時的蝴蝶夢有所關聯。

蝴蝶夢的主角莊子，乃是中國古典思想中道家學派的代表人物，另一位則是老子。我自認個人的稟性氣質與道家相近，但上大學前的中小學課本裏，幾乎很少看見道家人物的影子；有的只是孔孟學說與儒家人物，其道貌岸然始終無法打動我的心。既然跟課本難以起共鳴，我就到圖書館去臥遊古今，並尋找氣質相近者與之神交。當時臺灣正在流行存在主義思潮，我一旦接觸如獲至寶；但讀到的東西都屬於外國學問，若未識其來龍去脈，根本不可能理解什麼叫做「存在先於本質」。好在那時有位本土學者陳鼓應，為文把存在主義跟道家學說扯上關係，令我讀來受益匪淺，且終身受用。近年有回上陽明山文化大學口試博士生，在哲學所看見陳鼓應先生的研究室，頓覺十分親切。他或許不知道早年的隻字片語，竟然影響及一個年輕慕道者走上哲思途徑。

釣魚臺的火種 (1971-72)

　　算起來我的高中階段總共經歷五年，足足比一般人多花兩年，可以讀完五專或師專去就業了；但是我的就業準備，直到二十歲上大學後才起步。這五年間的前後兩年，大多用於重考補習和到處遊蕩；真正完整受教的三年，即跨越我十六歲至十九歲。如果把儒家的說法借過來粗淺地描述，則高中三年的前兩年，自我培養的乃是「獨善其身」的「內聖」工夫；而初次考大學的前一年，則形成「兼善天下」的「外王」胸懷。我自忖非屬走上街頭的熱血青年，但是耳濡目染之際，仍會產生激越心情。這種情況出現於當時，一半是偶然，另一半則為氣質使然。因為成功高中斜對面即是臺大法學院，一九七零年代初期，臺灣歷經釣魚臺事件、退出聯合國等國際危機，臺大師生以舉辦「民族主義座談會」及街頭運動的方式展現訴求，看得我們這些高中生不禁熱血沸騰。

　　釣魚臺是位於臺灣東北方一百多公里的一組無人居住的群島，七零年代之初因為美國將琉球主權歸還日本，連帶把釣魚臺也列入。由於此處為豐富漁場，且有石油潛藏，遂引起包括臺灣的中國人對抗日本人的領土爭執，至

今仍餘波盪漾。大概是我高二下升高三前夕，國人耳聞美國準備將釣魚臺一併移交給日本，就走上街頭抗議，形成反日的「保衛釣魚臺運動」，這也掀起日後一連串街頭運動的風氣。不久大家又聽說中華民國在聯合國席位可能不保，政府立刻加強國人心理建設，一夕之間全臺各大小商號，皆掛上書有「莊敬自強，處變不驚，慎謀能斷」十二個大白字的紅布條；當年大學聯考作文題，更出現應景的「自立自強說」。正是在這種狂飆的時代氛圍中，我初步產生了政治意識，逐漸知曉「覆巢之下無完卵」的真義。

過去高三學生都必修「三民主義」一科，記憶背誦一些孫中山的思想文字，以應付大學聯考必考科目之一。我還記得孫中山說過「國者人之積，人者心之器」、「政治乃管理眾人之事」等話語，再加上從小所接受的反共復國教育，這些便構成我思索個人政治處境的起點。那年頭人們心中只有反共、反日情緒，至於後來越發強烈的省籍意識和族群認同，則一點也不明顯。由釣魚臺事件所埋下關心政治的火種，在當時是跟我的存在意識相呼應與輝映的；因為西方國家在流行存在主義的同時，也正是學生運動遍地開花的大時代。反對越戰、布拉格之春、文化大革命，甚至人類登陸月球等重大事件，都是在我念高中那幾年內發生的。面對此情此景，我年少氣盛的心靈，又豈能無動於衷？偏偏聯考當前，浮動的心情被迫蟄伏，其苦悶可想而知。

革命家的夢想 (1971-72)

上高三時，我的兩個死黨之一順利考上臺大法律系，做了小馬哥和阿扁的學弟；另一個年紀較大的因為落榜，而在家中等候當兵。當上臺大新鮮人，生活多采多姿，逐漸跟我們疏於往還；倒是落榜者還有機會同我這個苦悶的高三生相濡以沫，聽我放言高論治國平天下的大道理。那時節越南戰火並未止熄，文革烈焰仍在狂燒。記得我去臺中清泉崗參加青年自強活動，就曾經看見美軍B52轟炸機從天而降的情景，以及F4戰鬥機在跑道盡頭墜毀的畫面。而晚上在家偷聽短波廣播節目，聞及對岸播音員以高亢的語氣，叫囂著「他們要打，我們就打；澈底消滅，就澈底舒服」的「血洗臺灣」論調，更讓我夾雜著興奮和恐懼的心理，整晚輾轉難眠。就在此際，不知是那兒來的勇氣，我竟然一度想從軍報國，反攻大陸去，以實現自己的「革命」夢想。

此種心理的產生，如今回想起來，多少有點逃避現實的味道；因為聯考當前，我功課既爛，又無心準備，當然如果能另尋出路最好，而「革命」正好給了我最佳藉口。孫中山不是棄醫去革命嗎？而且革了十次才成功。我當時

真的很想反攻大陸，無奈事情不成，還得被迫去反攻聯考，可謂情何以堪！多年以後，當我讀到毛澤東「革命不是請客吃飯」的高論，再加上接觸了較詳盡的太平天國造反歷史，才逐漸體會出革命絕非熱情浪漫的故事，而是千萬人頭落地的慘景。中國在過去一個半世紀內，先後發生了太平天國、武昌起義、國共內戰，以及十年浩劫等生靈塗炭的革命。現今距文革結束僅有三十七年，為這個造成上億人民死亡的歷史做見證的人，不少仍然健在；相信在他們的心目中，這場「不是請客吃飯」的革命，可說既無文化也不浪漫。

眼前地球上的七十多億人口，各自生存在數百個主權國家內；而中國的廣大人民群眾，竟佔去全球五分之一。中國是一個號稱五千年歷史的大國，一旦遭逢天災人禍，受害人數便高得驚人。問題是這些並非「人數」而已，他們乃是活生生的性命，卻在自然或社會的動盪中，被無情地排除；前者如悲慘的四川大地震，後者便屬文化大革命為最。文革十年是我的十三歲至二十三歲，大致涵蓋初中、高中及大學階段；我在臺灣這座島嶼上過得無憂無慮，跟我同齡的大陸青年卻經歷了文鬥、武鬥，以及下鄉勞改的遭遇。撫今思昔，我一方面慶幸沒有碰上浩劫，一方面也為我們這一代人感到惋惜。社會能夠改革，就不需要革命。革命是非常破壞與非常建設；建設正是為了人，那麼破壞時被清除的就不是人麼？對照於文革之後的改革開放，以及今日的中國和平崛起，歷史的教訓不問自明矣！

新公園的紅酒 (1972-73)

在狂飆的年代裏，我不免顯得心浮氣躁，結果當然是考不取大學；雖然三專的分數勉強沾上邊，但心想連五專都不念又何況三專，於是又走向重考行列。這時候我當年的兩個死黨際遇則大不相同，一個臺大已升上二年級，快活逍遙極了；另一個則終於等到入伍，在部隊裏成為大門衛兵。我十九歲生日的前幾天適逢雙十節，在臺南砲校當兵的老友休假回臺北，便相約在過去經常聚會的新公園碰面。臺北新公園即是現在的二二八和平紀念公園，以前我們總是拎著一袋酸梅湯，坐在博物館後面的大石柱下高談闊論。無奈事過境遷，三人死黨僅得二人相濡以沫。那天一人手執一瓶烏梅酒，趁著夜色找一顆樹下坐著痛飲。在我們口中「醬紅色的誘惑」醞釀下，老友一時悲從中來，伏在我肩上嚎啕大哭，一時弄得我手足無措。

沒有想到新公園的烏梅竟是訣別酒，一週後他在服勤的時候，選擇了臥軌解脫，軍方送回來時已是骨灰一罈。事後我和念臺大的同學去他家追悼，亡者老父交給我們一袋遺物，說是送還的借書。其中有一冊是我借給他的《自卑與超越》，作者為德國精神分析學家阿德勒；他建立了

一套有關自卑感的心理學理論，認為一個人必須通過對於自卑感的反省，方能找到人生出困之路。其書據此乃分為自卑與超越兩大部分，先分析自卑，再促成自我超越。無奈我的老同學畫地自限，溺於自卑的印證而難以超拔。最後只好走上絕路。翻閱書中的自卑部分，已被他劃得密密麻麻，還作了不少眉批註腳；相形之下，超越那部分卻顯得乾乾淨淨，彷彿完全不曾涉足。吃驚之餘，我越發相信自己借書給他，竟然是害了他，害他自卑地走上黃泉之路。

此事非同小可，對我的衝擊久久難以平復。每當回想起那天老友頂著小平頭，趴在我身上痛哭的情景，我便覺得膽顫心驚，坐立難安。那一陣子我簡直沒辦法念書，補習班索性也不去了，經常一個人遊魂似地回到牯嶺街，在帶著腐朽味的書堆中，去找尋心靈的慰藉。有時候臺大的同學也一道來找書，不料他找的都是些英文小說，我卻連大學都還沒考上呢，難免讓我也開始自卑起來。好在生命總會找到自己的出路，不久之後，我居然在故紙堆中，翻出一冊民國三十六年出版林語堂所著的《生活的藝術》。發黃的紙頁幾乎一扯就破，我小心翼翼地捧讀著，立即產生醍醐灌頂之效，頓覺深獲我心！這大概是我一生中最奇妙的性靈之旅，正因為林語堂大力提倡「獨抒性靈」的書寫方式，把我從苦悶焦慮的深淵邊上拉了回來。

心理學 的初遇 (1972-73)

　　從來沒有人把林語堂當作哲學家，但是他在撰寫《生活的藝術》之初，其實想把書名訂為《抒情哲學》；由此可見，生活的藝術重於抒情，而非說理。謂該書深獲我心，乃是指書中滿溢的道家式生命情調，跟我產生了高度共鳴；讀此書至今超過四十年，我的感受依然清晰，且歷久彌新。在那一刻回溯數年前初識的存在主義，雖然同樣為之所動，卻總感到其濃得化不開；直到邂逅道家思想，始覺海闊天空、自由自在。現今可以如此說，存在主義開啟了我的思辨心智，而道家思想則喚出了我的情意生命；此後三十餘載，我的所見、所思、所感、所寫，無不圍繞著這個主軸而流轉開展。走在這種哲思式的人文大道上，我曾經一度歧出至生物、心理、管理、教育等科學小徑中，終究還是自由擺盪回到原點，我乃視之為辯證地揚昇。

　　說來好笑，我初識心理學，竟然是為了療癒自己的焦慮心情。幾十年過去了，心情不算好轉，卻也不曾退化，倒是學得跟一個不可救藥的自己和平共存。在我看來，心理學所論比哲學更貼近人；後來我才知道，原來心理學還

是從哲學裏分離出去的一個支脈，明確的時代為1879年。當它獨立後，便標幟並強調自己的科學屬性，據此不斷壯大，然而有一度卻差點揚棄了「心」，成為沒有「心」的心理學。我接觸心理學和道家都是通過存在主義，高中時生吞活剝嚥下許多文章和書籍，它們把存在主義跟精神分析、道家以及禪宗思想作出聯結，讓我一度以為精神分析就是心理學。事實上它只是心理學「四大勢力」之一，其餘三者分別為行為主義、人本心理學、超個人心理學；不過此乃美國人本心理學者的分類，不見得普遍適用。

　　精神分析的自卑理論害得我的老同學去撞火車，令我忐忑難安、焦慮不已；縱使有林語堂作伴，也走不出失落哀傷的陰影。讀臺大的同學怕我也會出事，便介紹我至臺大學生輔導中心做心理諮商。我冒名臺大學生，跟一位年輕的諮商人員協談了幾個月，大約總有個七、八次之譜。到頭來，他總結出我有精神分裂傾向，勸我莫要再鑽牛角尖。此君當時尚在讀博士班，後來成為臺大心理系主任，並擔任過臺北市教育局長，他就是吳英璋。我是別人眼中的「神經病」患者嗎？懷著放不下的焦慮，我又跑到臺大附近的耕莘文教院輔導中心求助，主持的朱秉欣神父非常熱心，拿了許多心理測驗問卷讓我填答，意外地發現我的智商高達一百六十五，已經接近天才了。既然自己是準天才，焦慮就可以自行清掃；我心想心理學還真奇妙，於是除了打算考哲學系外，心理系也列入考慮。

認知意識：20－25歲

愛智慧的門徒 (1973-74)

深怕步上那當兵卻走向絕境同學的覆轍，我在二度聯考前夕，發心這回非考上大學不可。但是課業依舊不堪造就，怎麼辦呢？窮則變之下，我做了一個非常冒險的決定：放棄國文、英語、數學，只念歷史、地理和三民主義。從考前二十五天開始倒數，強迫自己一天讀十二小時的書；每科只啃一套參考書，三科三套書花三百小時，用圖象記憶法從頭到尾瞄上十遍，不記住也難。當時我最拿手的是背地圖，任何公路、鐵路、河流、山脈沿途的地名，我從四面八方都可以排列組合得出來，而這正是當年的出題方式。人云「臨陣磨槍，不亮也光」，這對我而言確實奏效，果然我的歷史、地理和主義三科都考出八十分以上的水準，而國文也靠加重計分勉強跨進八十大關，至於英語、數學則連加起來都不及格，程度可想而知。好在當年只看總分排序錄取，沒有什麼高低均標的限制。

放榜後我如願考進輔大哲學系，成績為全班男生最低分；當年女生有保障名額，我應該是真正吊車尾者。不過看見各系最低錄取標準，竟然有些失望。原因是輔大我填了兩個系，卻與教心系失之交臂；那天考數學交卷前，

隨手擦掉一題六分的答案，不料竟錯失了一個系。我始終相信心理學比哲學更貼近人性，所以上大二前申請轉入教心系，又以差一分而飲恨。退伍後就業一年仍心有未甘，硬是跑去美國讀了一學期心理系，再回來補修學分；待學分修滿，我已考取哲學博士班，始跟心理學話別。倒不是我見異思遷，而是一開始成為「愛好智慧」的哲學門徒，就被古希臘哲學中那些地水火風的宇宙理論，搞得頭腦空空；心想哲學不是幫助我們作出存在抉擇的嗎，怎麼要念這些玄之又玄、不知所云的名堂呢？

平心而論，那時也怪不得我以偏概全；班上同學很少在入學前，就接觸過哲學史的。我還算不錯，懂得扯上存在主義；其他人除了《論語》、《孟子》，多半一無所知。壞就壞在這裏，同學們都是新鮮人，讀什麼都新鮮，學起來反而容易入門；我卻雜念偏見一大堆，得先抹去舊觀念，方能納入新課題，而地水火風正是西方哲學的源頭。在這種青黃不接情況下，我那自以為是的老毛病又犯了；不想好好聽課，學業得過且過，我再度展開讀雜書的自學方案。說來幸運，當年輔大有些偏遠，無從溜課逛街；加上哲學系旁邊有座藏書豐富的人文科學圖書館，讓我有如入寶山之感，就不會到處游蕩了。二十歲那年，我大抵安分，每天坐在課堂後面一角讀自己的書，用掉兩本借書證，腦袋裏灌進各式各樣的常識，真可謂好讀書不求甚解。哲學家的起步，不正該如此嗎？

小兒女的情愫 (1973-74)

那年頭男生讀文科，多易當成沒出息；若是進了哲學系，更被視為怪胎。後來有人問我讀哲學會不會變怪，索性答以本來就怪才會進哲學系。年輕時有意讀哲學或心理學，真是只想找出人生的意義和價值，根本沒想到出息的事。如今更沒想到的，我大概是班上同學中，在教育行業裏最有世俗「出息」的人；一個吊車尾的傢伙，居然當起大學教授，並曾坐上系主任、所長、院長、教務長等等位子。我戲稱這些都是服務業，講臺下的學生才是顧客。四十年一晃而過，現在教書生涯已結束，我更喜歡純粹的閱讀和寫作。至今我仍愛買閒書、讀雜書，誰也料想不到，我大一時為了讀雜書，躲到最後一排去坐，竟然陰錯陽差地碰撞迸發出愛情的火花。既然是火花，也就來得快、去得快；然而既然是初戀，剎那也會成為永恆。

話說我每堂課都窩在後面讀雜書，原本天下太平，大伙兒相安無事；偏偏教英語的老修女不領情，看見前排一名女生旁邊有空位，硬是叫我勇往直前，跟女孩子練習會話。談到感情事，我這個人還真有些沒出息；初中、高中念了六年和尚學校，只會窮作白日夢，妄想革命反攻大

陸，幾乎從來不跟女生打交道。這下可好，進了哲學系，班上陰盛陽衰，想躲都躲不掉。偏偏跟我湊一對的女孩，是班上頂年長且最花俏者，難怪別人都不敢挨著她坐。而我一靠近她，陌生的撲鼻香襲來，什麼英語會話全都打結了。其後果更不堪設想，被罰得利用課外加緊練習，下回上課頭一組被指定上臺。妙就妙在這兒，我們既然成為患難之交，也就一點一滴地培養出革命感情；出雙入對練習英語之餘，也開始閒聊起家常了。

　　高中死黨早已殘缺不全，上大學後則因為同車往返，新交了兩個朋友。我們這三名成功嶺下來的大頭兵，不耐中午排長龍等著買飯菜，乾脆去福利社吃麵包喝牛奶，至少落得輕鬆。結果不久吃喝的人口多出一名，女孩兒成為新伙伴；只因她的食量僅有我們一半，久之乃以「三又二分之一」來概括這個一同用餐的小團體。團結力量大，四人死黨在班上的影響力非同小可，下學期她大姐頭被拱上班代寶座，三名小弟嘍囉當然也撈到一官半職。無奈朋友可相處不見得能共事，三男中有一小個兒喜歡上大姐頭，她則有意找我吐衷曲，我嘛後知後覺二楞子一個，待有點愛苗長出來時，對方已揮揮衣袖，不留下一片雲彩。失戀是痛苦的，至少我真有這樣感覺。事情有影無影前後一個月，船過水無痕之餘，大伙兒終究不再聚首啃麵包了。

新鮮人 的學長 (1974-75)

　　難過的事情是,英語會話為一年必修課,下學期後半段,我們還得虛情假意、強顏歡笑一番;在同學眼中,卻被看出貌合神離。說來也怪,一旦彼此都帶上面具,也就當成演戲,結果洋腔洋調反而越講越溜。終於熬到夏天,開始歡度我從小到大首次擁有真正漫長的暑假。過去念中小學時,暑假只有八週上下,扣去返校和補習,還有一大堆作業,假放得不痛不快。現在可好,足足十二週,近三個月啥事都甭做,的確快活極了。於是我約了兩個同學,從東門游泳池的早泳開始,然後在臺北市近郊遊山,下午回家睡大覺,晚上看電視;如此逍遙了一個多月,逐漸感到不耐,其後的假日則成為難以承受之重,天天巴望著早些開學。別問我為什麼不去打工,因為三、四十年前根本不時興學生打工;年輕人不是惡補考試,就是無所事事。

　　好不容易開學了,這年我二十一歲,成為標準的「大二生」;英文裏對「大二生」的解釋為「自以為是的人」,意即半懂不懂地去哄騙大一新鮮人的傢伙。當時各系流行家族制,以先後期同學的學號,來認定學長姐與學弟妹的關係。我的上面是位學長,不太搭理我;而下行則

是名新來的學妹，且是大家公認最有氣質的一位，我當然樂得去大獻殷勤。可惜依然不解風情的我，大概不曉得什麼時候該獻殷勤，以至於對方多半不領情；學長學妹的關係，不久便演成兩條平行線。這時我班上的大姐頭，則交上外系男友；彼此的聯集越來越少，終於呈現漸行漸遠的放射線。好在我有雜書可讀，有社團可跑，加上系學會不時要我們這些壯丁去打雜，日子過得一點也不寂寞。再說我還選了個輔系，經常神龍見首不見尾，出沒於不同教室間。

　　老實說，我一開始念哲學系就認為太玄而有些失望，下學期便下定決心轉教育心理系。那年頭心理系屬於理科，文科裏只有教心系；我直覺認為心理系比哲學更有趣，而教心系大概也不會太差。結果人算不如天算，大一功課太差，國文居然只有六十九分，跟教心系要求的下限差一分，再度失之交臂而望門興嘆。我聯考擦掉一題未上教心系，如今又差一分落選，失望之餘，決定不去想它了。恰好此時學校開始興辦輔系制度，由於過去沒有經驗，各系均姑且一試，大肆招生。班上同學考慮出路，多半選擇企管、國貿、英文、中文等系進修；我卻從生命意義的追求，轉向生命奧祕的探索，填選生物系為輔系。名單公布時，總算有了好的結果；只是生物系僅我一人選修，依規定不單獨開班，得隨班附讀。

系學會 的幹部（1974-75）

　　大二本系課業仍不少，於是輔系只能選一門課，偏偏這門「普通生物學」就要五學分；正課和實驗各佔四一，實驗的一學分得上三堂課。這番學科學的體驗跟念人文可謂大異其趣；剛起步倒頗覺新鮮，尤其是作實驗。人文學問可以沉思默想、自由揮灑，科學知識卻必須實事求是、無徵不信。我後來為了想進一步考察生命奧祕，需要全面涉獵基本科學，就把微積分、普通物理學、普通化學，甚至有機化學統統給修了。結論是我不適合當科學家，因為我對坐而言的興致大於起而行；科學對我而言太繁瑣，還是人文可以海闊天空地自圓其說。然而當我走上學術教育的生涯發展道路後，為了不負往日所學，就把科學與哲學結合成科學哲學來研究，再進一步轉化為生命倫理學和死學來應用。如今回想，當年的科學雖淺嘗即止，卻終身受用。

　　生物輔系我用三年時間，終於把它讀完了；加上數學及基本科學，一共修習三十八學分，大約抵大二的程度，這些便屬我僅有的科學訓練。在西方學術傳統內，科學即是自然哲學，而自然哲學以科學方法從事研究，例如實驗

法、歸納法、計量法等，就成為自然科學，這也是為什麼今天科學家取得學位，仍稱「哲學博士」的原因。不過哲學家與科學家的出路，日後有著天壤之別；然而我在大二之際，根本不去管這一套，還是「愛好智慧」比較重要。既然轉系不成，就認定以哲學系為家，主動參與系學會的各項事務；既然直屬學妹不領我的一片真情，就化小愛為大愛，主動為所有學弟妹服務。於是我在繁重的主系與輔系課業夾縫中，還是盡力騰出時間和精力去為學會賣力；我接下的擔子，正是別人都不願意幹的苦差事——編輯系刊。

當時系學會有收會費，並編列預算推行各項活動，編系刊則另有系辦公費補貼；如此一年出兩期，算一算還滿充裕的。別人對編刊物望而卻步，對我而言卻駕輕就熟；我從高中編校刊起家，大二接手編系刊，大三協助新儒家《鵝湖月刊》的創辦，同時加入校刊及校報社團，退伍後不久便找到雜誌社的編輯採訪工作，前後幹了三年多才辭職進博士班。可以這麼說，我一生中只幹過兩種正式職業：耍筆桿的編輯，以及耍嘴皮的教師。我經常笑稱，這大概是哲學系畢業生僅有的出路。系刊主編屬於學會學術幹部，此刻乃擁有畢生中第一個頭銜，也在無形中擔負起開創個人生涯的責任。系刊為對外發行的刊物，有時還需要出去採訪同行，不能像高中時代那樣閉門造車及我行我素。這種事務性的磨練，於我不啻為課業之外潛在性的生活學習。

用心讀 的專書 (1975-76)

　　一年兩期的系刊順利出版，有此經驗讓我打算更上層樓，大三時去編校刊及校報。而就在大二升大三的暑假，不幸事件發生了；我的前女友、班上的大姐頭，竟然因病猝逝。還記得考完最後一天試，我高興地去打球，回家後卻立即病倒；流行性感冒，連發五天燒，啥事都沒勁做，只好臥床休養。第五天中午，接到一通電話，說女同學去世了，把我嚇出一身汗，竟因此痊癒。她的死因眾說紛紜，結果以心臟病突發定調，身後葬於大直天主教公墓。為緬懷老友，我發起出版紀念班刊，並當作系刊專號分送各班。刊物內有系主任和師友們的追悼文，我放了一張當年四人攝於鼻頭角的相片在首頁，輓聯的下句「三又二分之一至此終成絕響」立即浮出，上聯卻遍尋不得；數日後它卻自然湧現，曰「七情六慾五蘊遽爾煙消雲散」。

　　那年暑假我過得很消沉，也很忙碌，忙著把紀念班刊編輯出來。開學前夕，在重慶南路購得一書：劉述先所著《新時代哲學的信念與方法》。回家心想都大三了，總該用心念點正書，於是便老老實實、正正經經地去閱讀它。別看這只是一本口袋書，我卻足足花了四個半月才把它啃完；一旦閱畢，頓覺豁然開朗。此書原係單篇論文彙集而

成，卻巧妙地前後呼應，而呈現出完整的體系，與我那宏觀思維頗能相應。我選擇學哲學，正是衝著它的開闊視野而來；而偏愛心理學，則與人性關注有關，且將心理學視為哲學的分支，而非一門科學。雖說初涉哲學是十五歲上高中時的事情，但是直到七年後升上大三時，我才算真正消化掉頭一本哲學專書，想來不免慚愧。三十多年過去了，如今我已初步建構自己的思想體系，所受到的啟發當從這本書開始。

　　劉述先教授長我約二十歲，算是哲學前輩；有一回與他同搭捷運，曾當面請益，受惠良多。《新時代》係他三十歲以前的作品，其從科學哲學講起，歸結於人生哲學，為我帶來高度啟迪作用，更彷彿預見了我日後的哲思歷程。劉教授在中年後逐漸走向儒家思想，並以此為「生命情調的抉擇」；我雖然因為稟性氣質不同而傾向道家，卻對他所拈出的「生命情調」一辭相當認同。近年我在建構自己的思想體系時，即以「生存基調的鞏固」、「生活步調的安頓」、「生命情調的抉擇」三大面向來開展，為其分別賦與真、善、美的人生意義。2010夏末，作為成果的十五篇論文彙集成一本專書出版，題為《生命的學問──反思兩岸生命教育與教育哲學》。回顧既往，我二十二歲始對哲學產生較為完整的初步認識，二十五歲碩二才正式起步作研究，又過了三十年方有所心得，可說尚為時未晚。

無冕王 的滋味 (1975-76)

　　大三那年我十分忙碌，課修得多、學得雜固然是原因之一；社團活動的全方位參與，才真正佔去不少時間。當年我有機會進入全校性的學生會，會長想辦報紙作為傳媒，請我創刊並擔任「輔大人報社」的社長，同時不吝撥給辦公室一間。於是我成為名符其實的「社團上班族」，早晨到校，不進教室上課，直接到辦公室幹活兒，報人生活過得愜意極了。還記得一開始要招兵買馬，乃公開招募採訪記者；有個大傳系一年級的小女生上門應徵，侃侃而談，當即錄用，並授與採訪主任一職，她就是日後著名的電視主播李豔秋小姐。其實在這之前我並不曾編過報紙，而辦報跟辦雜誌也有著相當程度的性質不同；別的不說，光是出刊時間就差了許多。校刊通常一學期才出一期，校報幾乎每週都得亮相一回；而前者以文章為主，後者則以新聞見長。

　　文章可以閉門造車，新聞卻必須實事求是；一般多稱新聞記者為「無冕王」，即有肯定其為民喉舌之意。反觀我這個人生性較為孤僻，希望盡量無求於人，亦不為人所求，可謂典型的「自了漢」。要我去從事記者的工作，

主動登門採訪，問些有的沒的，還有可能吃閉門羹，這種事情我肯定做不來。誰知道人生就存在著各種考驗，像我出任學生會幹部主持校報業務，有時為迅速報導，有時因人手不足，都得自己下海去衝第一線；不但在校內外採訪撰稿，連校對及發行都要自己來。我在校報社團中如此磨練了一年，從未料到日後竟會靠它吃飯。二十八歲退伍後找到的第一份工作，是在臺視的《家庭月刊》與《電視周刊》當文字記者，而且一幹就是三年餘；其中我花了四個月跑到美國去念書，專攻心理學。

　　從退伍到進博士班，中間大抵有三年又四個月；我一方面回母校補學分想圓留學夢，一方面則在臺視打工賺學費。我的工作性質包括兩方面：編輯採訪與節目製作；後者較前者而言，更是完全陌生，好在又是我大三那年的社團體驗幫助了我。話說當時班上有活躍分子被戲劇社團發掘去挑大樑，他又呼朋引伴找同好跟著跑龍套；我們從話劇社一路玩到京劇社，我因為從小跟票友母親去看戲，對唱小花臉的丑角特別感興趣。既然可以免費登臺過戲癮，當然不會放過機會。這項對於戲劇活動的參與和熱愛，一共持續了四年，從大三到碩士班畢業入伍。記得最後一年還跑去參加「耕莘實驗劇團」，此乃「蘭陵劇坊」前身。也正由於這多年的舞臺經驗，使我日後涉足演藝圈，成為綜藝與社教節目編劇和製作助理，倒也能夠立即進入狀況，並且勝任愉快。

愛情學 的修鍊 (1976-77)

　　一般多謂上大學除課業外，還有兩種學分必修，即是社團與愛情；我的社團活動轟轟烈烈，愛情故事卻差點交了白卷，不料上大四後卻意外開花結果。如果說兩種類型社團活動的經驗統整，為我提供了學術以外的謀生能力；則愛情長跑、分道揚鑣，以及日後的結婚成家，可說為我的學術生涯創造出「意識覺醒」的契機。我必須承認，在現實生活中的兩性交往，我至今仍顯露出不解風情的拙態；但在情感交織的靈性世界裏，我自忖已從獨抒性靈走向雲淡風清的境地。也許是與異性相處的盲點太多吧，在經常碰壁之餘，我逐漸產生退一步想的領略，從而形成知情意行全方位的「意識覺醒」，其動力竟是來自一種純粹西方的思潮，那便是女性主義。我跟女性主義結緣超過十年以上，並據此寫成教授升等論文；近年雖疏於往還，卻仍跟老朋友一樣親切。

　　自從涉足女性主義以後，我對女人的觀感便出現相當大幅度的轉變；過去有意無意會產生支配欲，後來則學到了觀察、傾聽與關懷。從今天回過頭去審視我的感情生活，就不免會對過去的女友和現在的太太，有所歉疚與感

謝。她們都在跟我相處三年左右，便對我的思想言行有所微詞，主要集中在某些剛愎自用的個性上。前女友是晚我三屆的學妹，大四交上大一新生，常被同學譏為「老牛吃嫩草」；但沐浴在愛河中，也就不以為意。妙的是愛情力量大，大到足以激起我報考碩士班的欲望，因為這是唯一可以留在學校陪伴她的途徑，否則無論如何都得去當兵了。那年寒假，我順利考取預備軍官，本想早些服完兵役以便海闊天空，卻在女友期盼的眼神中開始猶豫不決。寒假過完，終於立志繼續深造；此一決定，也就改變了我的整個生涯方向。

大學四年我一直對哲學系不安於室，除了選讀生物系為輔系外，還找空堂到教心系修了一些有趣的應用課程，它們大多屬於人格發展、輔導諮商方面的知識。當年輔大設立的是教育心理學系，隸屬於文學院；如今已改名為心理學系，歸入理工學院。我那時候接觸到的多為應用知識，不免以偏概全；但正是這些應用知識，讓我認定心理學較哲學更務實也更有用，於是才有日後短暫出國改念心理系的經歷。還記得有個美國心理學家，設計了一份很簡單的「喜歡與愛」問卷量表，以測試一對男女之間，存在的究竟是友情還是愛情。你喜歡她不會反對別人也喜歡她，你愛她卻絕對排斥別人也愛上她。愛情是佔有的，在女性主義看來，就形成了宰制與被宰制的關係。我的愛情長跑長達五年半，卻落得勞燕分飛，愛情學分仍然修得不及格。

研究所的衝刺 (1976-77)

　　說來好笑，我二十三歲意外修得愛情學分，雖然到頭來不了了之，卻更意外地讓我在二十年後大剌剌地步上講臺，開授兩學分的通識課「愛情學」，而且居然還有八十名俊男美女來選修。此一意外源自我的「意志集中，力量集中」，一舉考上哲學碩士班，硬是把班上幾位頗有慧根的同學給擠了下去。那年頭拿到碩士學位，便有機會登臺當上講師；我正是由此一步一腳印地展開教學生涯，最終成為大學教授。不過認真想到要當老師，乃是我三十一歲投考博士班時的事情；在這之前，由於學業始終未見出色，只敢想留在傳播界混口飯吃，或是出國念個學位回來，從事輔導諮商工作。考博士班是念完碩士班五年後的事情，這些年頭我當兵、做事加留學，一直定不下來。由此可見我上研究所純屬意外，想談戀愛的成分居多，卻沒想到因此激發出更多愛智的火花。

　　既然下定決心為了女友而更上層樓，就得想法子一定得金榜題名。這回不是面對有幾十個志願可填的聯考，而是只錄取十人的單獨招生；且考生不只來自同系同班的同學，更有各校精英相互較勁。真正問題還在於我的程度甚

差，因為三年半混下來，根本沒考慮再繼續念哲學；如今意外有了新目標，只好想盡辦法來個事半功倍。首先我得先確認自己面對的是何種類型的考試，於是去收集歷年考古題。瀏覽之下，發現除了國文、英文需憑實力應付外，其餘三科都是專門科目，大致皆為四題問答，跟平時大小考的出題方式類似。由於準備的時間有限，我決定重施故技，效法自己考大學時使出的硬背功夫，把其中最玄的一科「形上學」教科書從頭到尾啃上十遍，幾乎可以完全背出。這招果然奏效，我就靠著它考得該科最高分，而被考官認定適合學哲學予以錄取。

放榜時我名列第十，三度扮演孫山；後來因為有人未報到，又遞補備取二人。既然考取碩士班，就暫時不必擔心服役問題了；女朋友為此感到相當窩心，我也覺得十分幸福。而在這段期間內，我怕出現萬一的狀況，還另外報考了文化大學的哲學所。猶記得考前一天去借住高中同學的租宿處，本想睡個好覺以應考衝刺，未料隔壁一男生帶女友回寢室溫存，卿卿我我、吱吱哼哼地忘情尋歡，幾乎磨蹭了一晚上，害得我第二天上場應試，弄得答非所問，不知所云。更令我吃驚的是，口試時在走廊等候，見窗外大霧不時飄送進來，我因睡眠不足而頭重腳輕；見此情此景更產生騰雲駕霧的錯覺。雖然奇遇不斷，我也順利以備取身分遞補進文大；但是女友就在跟前，我又何必捨近求遠呢？於是開始在母系繼續「安身」，但離開「立命」則還有一段差距。

科學家的對話 (1977-78)

　　在輔大讀碩士班兩年期間，是我一生中難得的愜意時節。為便於念書和約會，我選擇住校；而班上十人共處一間研究室，論學談心之餘還有火鍋同享，日子過得十分充實愉快。就在那個向學的起步階段，我遇見兩名原本念科學的同學，同時追隨一位也受過科學教育的教授，由此展開我的科學哲學探索歷程。真正的歷程是從碩二準備寫論文時開始，一年級則仍停留在懵懂的心智渾沌境地。不過雖然有許多課業要應付，我還是用心地讀完三本跟科學哲學有關的專書。我讀書一向信手拈來，這回也不例外，都是在逛書店時隨手買來的新書，依閱讀順序分別為：《韋根什坦底哲學概念》（范光棣著，胡基峻譯）、《偶然與必然》（莫諾著，劉鴻珠譯）、《科學的哲學之興起》（萊興巴哈著，吳定遠譯）。

　　韋根什坦即是維根斯坦，這本書係范光棣的博士論文，對二十世紀英美分析哲學和語言哲學之鼻祖維根斯坦的思想，作出全面且深入地討論。維氏原本習工科，步入哲學純屬偶然；他的傳統底子不足，卻能創新而影響深遠。由此書中我乃對高一時讓我吃盡苦頭的邏輯，得到相

當正向的認識。有趣的是，後來回臺任教於成大的范光棣，當時卻是政府黑名單上的問題人物，譯者亦受到臺大哲學系事件株連；而其書譯本竟由國防部總政戰部下屬的黎明公司出版，不知是巧合抑或無知？至於萊與巴哈那本書的譯者，也是一名政治犯。在白色恐怖時代，翻譯一些跟科學有關的哲學書籍，看似「沒有顏色的思想」，其實色彩高度鮮明，也就是前述劉述先在《新時代哲學的信念與方法》中，表示反對的「科學的哲學」。

「科學的哲學」是帶有高度科學性實證、經驗取向的哲學觀點，排斥一切思辨、超驗想法，甚至有意通過邏輯與數學之聯繫，將哲學收編為科學的一支。與此同路但較有包容性的則為「科學底哲學」，亦即對科學陳述進行邏輯檢證的哲學性活動。萊與巴哈是從物理學轉入哲學的德國學者，其書已標幟「科學的哲學」固不待言。莫諾則為諾貝爾醫學獎得主的法國分子生物學家，卻寫了一本存在主義式的科普著作，在當時還受到國際的推崇，該書甚至名列《新聞周刊》所評選二十世紀百大著作之一。我花了四個多月，把這三本書各自仔細讀過兩遍，算是為自己的科學哲學研究生涯進行啟蒙與補課。那時候我的思想相當傾向於經驗、實證與唯物，對玄之又玄的東西完全不屑一顧。

讀聖經的收穫 (1977-78)

　　為了掩飾本身相當空泛的哲學根柢，我採取「截斷眾流」的方式來學習；那就是畫地自限，只探討當代課題，對傳統學問能不碰就不碰。偏偏輔仁大學係天主教會所創辦，奉行中世紀所形成的「士林哲學」；其與神學密切關聯，甚至有「哲學乃神學之婢女」說法流傳。這類課程其實在我念大學時便已齊備，只是那時候得過且過，從沒當它一回事。如今上了研究所，所修課程更以此為主，勢必不能再虛應故事了。於是我秉持著形上學考最高分的潛在實力，開始進入宗教信仰層面的探討。碩一有「聖經研究」一科，由神學院院長授課。我年幼時為貪吃餅乾及喝牛奶，曾上過教堂讀經；現在為了修課拿學分，再度與經書邂逅。好在基督教與天主教用的是同一部《聖經》，只是譯文用語稍有差異，讀來尚不致太過陌生。

　　《聖經》中有一位人物我相當欣賞，那就是約伯。作為《舊約》一篇的〈約伯記〉或〈約伯書〉，探討信仰的真諦，讀來甚具啟發意義。修聖經課要繳交報告作業，我便以〈約伯書〉為題材，寫了一篇題為〈信仰境界的躍昇〉小論文，將約伯因家破人亡而產生的信仰危機，作出

辯證式的分析。如此看法雖然有些牽強，但終究發人所未發，幸得教授賞識，不但給予極高分數，且拿到神學院的學術期刊《神學論集》上去登載。於是我在二十五歲那年，意外地發表了生平頭一篇學術論文，還刊行在神學期刊上，天曉得我只是一個連宗教信仰都沒有的碩一新生呢！不過既然得到賞識和鼓勵，連帶使得我對宗教議題產生興趣；但不是去鑽研宗教教義，而是希望對基督宗教與西方文明的關聯，多所認識和瞭解。

我雖然始終對道家的人生境界高度嚮往，但一起步卻在哲學本行內，專攻西方當代哲學之下的科學哲學和應用哲學。然而即使是研究當代思想，也不能忽略其來有自的傳統根源；而當代往前追溯，就回到現代、近代、中古以及古代哲學上面去。為此我慶幸自己進的是輔仁大學哲學系，其天主教的背景淵源，對我理解西方哲學思想的來龍去脈，頗有承先啟後的指引作用。一般人讀到中世紀思想，總認為這是宗教掛帥黑暗時期的意識型態，孰不知其中大有學問在；別的不說，古代哲學、中古神學與近代科學的密切關係，便不是三言兩語可以道盡的。總而言之，我直到進入碩士班一年級，才初嘗學術訓練的滋味，卻還談不到研究。即使上了二年級，為寫論文而開始作研究，也僅形成問題意識而已；真正的研究意識，要等我進入博士班以後，方才逐步浮現。

社會意識：25－30歲

知識路的初探 (1978-79)

　　過了二十五歲的我，面臨著碩士學位論文的寫作；這是必經的關卡，也算得上此生頭一回知識探索的洗禮。當年拿到碩士便可以到大學當講師，博士則立即成為副教授，再辛苦幾年寫升等論文，一旦教授到手即高枕無憂。我就是如此一路走來，而在四十三歲之後取得教授資格的；這十八年之間，「吾道一以貫之」，科學哲學而已矣。前文曾提及，我之所以選擇科哲的研究途徑，多少跟自己沒有成為科學家的補償心理有關，但這也同時反映出我心境的「潔癖」。到碩一結束時，我已經接受了五年的正式哲學訓練，總覺得哲學家最大本領，是把簡單的事情講得很複雜，讓別人都聽不懂，他正以此為樂。果真如此，我是沒有興趣當哲學家的。我心目中的哲學家就像科學家，能夠以簡馭繁，就此對宇宙與人生的奧義，講出一套自圓其說的大道理。

　　上高中後開始接觸存在主義思想，逐漸嚮往念哲學；十年後已是哲學碩士生，要提筆寫論文了，我卻無心去「研究」存在主義。在我看來，存在思想屬於人生智慧，是要去體驗和實踐的，不宜拿來紙上談兵、大作文章。由

於我曾經選生物學當輔系，又受到實證論及唯物觀影響，遂想到別出心裁，結合生物學與哲學的知識來寫論文。知識不同於智慧，而是常識的精煉和提昇；以此為論文寫作的起點，方能一步一腳印地完成。方向有了，但是研究的素材呢？正在徬徨猶豫之際，邏輯老師王弘五所寫一篇探討當代英國科學哲學家波普的論文，吸引了我的注意。剛好那年波普與諾貝爾醫學獎得主、澳洲神經科學家艾克利斯合著的《自我及其頭腦》新近出版，我請圖書館代為訂購一冊，閱讀之下頗為受用，遂決定以其為素材撰寫論文。

　　哲學研究大致是從專家與專題兩方面入手，專家以古今中外哲學家為對象，專題則取各類哲學問題為焦點；一般多將二者交織融會來從事探討，例如老子的形而上學、馬克思的辯證唯物論等。順此進路，我選擇了波普最新的科哲思想為治學起點，發心研究他的生物哲學。由於他探討此課題的專書僅此一冊，我遂避重就輕地採取專書研究的方式作論文。三十多年前資訊不甚流通，學界要求也不嚴格，加上我自己的學養能力亦有所不逮，到頭來遂走向半譯半著，甚至以譯代著的便宜行事。這在當年寫碩士論文雖不曾禁止，卻也不被鼓勵。我因為花了太多時間去透過翻譯來解讀《自我及其頭腦》一書，同時受到時限的壓力，以致未能完全消化吸收，只能囫圇吞棗，再反芻一些材料便草草了事。論文雖然順利完成，後來甚至登載於哲學期刊《鵝湖》上，但終究不太滿意，更不足為外人道也。

觀人生

洋學生的華語 (1978-79)

　　我的英文很破，即使短暫負笈美國，至今仍是聽讀勉強湊合，說寫始終鴉鴉烏。碩二為了寫論文，拿起字典死啃，總算生吞活剝讀完一部洋書，並且藉著半寫半譯的方式完成論文。原文哲學書大多難讀，更不易讀懂，波普的著作卻是例外。蓋他老先生原係生於二十世紀初奧地利的猶太人，二戰時避難於紐西蘭，戰後再移民至英國定居，終以學術成就獲封為爵士。由於英語並非其母語，加上他以邏輯研究起家，寫作風格講究清晰流暢、言簡意賅，頗符合我的需要。幾乎可以這麼說，波普可算是我私淑的哲學導師；取他的新著寫碩士論文雖然淺嘗即止，但也初嘗學術研究滋味，建立了基本的信念，以至於在七年之後，再度以他全部哲學著作為素材撰寫博士學位論文。波普一向被視為二十世紀西方哲學界的「通人」，其全方位的關注相當貼近我的「雜家」味口，遂與之長期結緣。

　　波普的哲學思想可稱之為「常識實在論」，亦即從常識出發，通過知識探索的途徑，去發現並把握這個如實存在的世界。由於他年輕時受的是數學和物理學訓練，走進哲學世界鑽研的又是數理性的邏輯問題，成為科學哲學

家乃水到渠成之事。但是他後來另以政治及社會哲學研究著稱，晚年更從認識論步入形而上學的世界，則頗令人稱奇。我在碩士班時見樹不見林，因為讀波普的書是反向念起，先接觸到他後期發展的「三元世界」形上學，便自以為是地議論發揮一番；好在思想路數相近，理解尚不算離譜。二十六歲撰成生平第一本哲學論著《自我與頭腦──卡爾波柏心物問題初探》，喜獲碩士學位，卻對即將入伍而與女友暫別的現實產生一絲悲情。由於沒有接著念博士班，這下子得正式踏入社會，接受生存的考驗了。

早年取得碩士學位的男生，可以免試分發去幹預備軍官，還有機會通過考試當上軍校教官。教官等同於學科方面的高職教師，不必搞術科及出操打野外，當然為我們這些新科碩士所嚮往。服役時考教官同樣是為避重就輕，原本並沒有當老師的生涯規劃；再說我入伍前三個月曾意外地在母校謀得一份教洋人講華語的兼職，被人喚作「老師」已非新鮮事。然而三個月教過三名洋人牙牙學語，從ㄅㄆㄇㄈ教起，事情卻頗為新鮮。印象中三人分別為美國小伙子、英國美少女，還有一位是跟我從此結緣長達十年的德國臺灣女婿。此君留著一撮小鬍子，後來在德國娶臺灣護士為妻，邊念法律博士邊當家庭主夫，偕妻返臺探親時必來看我，且通信不輟，不啻為難得一見的好學生。此番短暫的教學體驗，多少為我將來漫長的教師生涯，起了一個相當正面的開頭。

小少尉的養成（1979-80）

　　我出身軍人家庭，父親為抗日名將；他入伍後一待四十年，我則面對不到兩年的預官役期而忐忑不安。但是該盡的國民義務還是得盡，我於是義無反顧地南下高雄受訓。雖然上大學前在成功嶺爬了六個禮拜，不能完全視為菜鳥；然而當我一踏進偌大的衛武營，還是鬧了不少笑話。像是報到當天吃晚餐，因為自己連上弟兄不認識，加上人數也不足；吃到一半聽到喊集合，便緊張地丟下筷子跟著一支隊伍離去，走到營房才發現不是自己的連部，回頭卻連餐廳也找不著了。其次是早餐聞及盛菜、盛飯、盛湯皆曰「打菜」、「打飯」等，乃順理成章要求班長離桌去「打饅頭」，結果被視為故意搗蛋，而挨罰站在椅子上吃饅頭，一時居高臨下，睥睨全營弟兄，好不風光！凡此種種，皆意味我即使當兵還是死老百姓一個，不堪造就耳，更別提什麼虎父虎子。

　　1979年夏天，十大建設之一的中山高全線通車未久，南北一路順暢；休假時搭野雞遊覽車返家或回營，兩部國片沒看完就到了，可見當年飆車之猛。北上看見想望的女友當然是好，南下回營碰上長官噓寒問暖竟感受寵若驚；

結果在當晚半夜好夢方酣之際，來個緊急集合的震撼教育加收心操，全副武裝行軍一小時後渾身大汗，沒有一人能夠躺下立刻睡得著。入伍訓練雖然苦，但的確令人印象深刻、終身難忘，而且逢人便細數個沒完，我想那一陣子女友大概快被我煩死了。同樣是草綠服、大頭兵，我們連部裏頭屬行政官科的碩士及軍醫官科的醫師卻佔了大半。別看這群準軍官年紀長、學歷高，打混摸魚掛病號的也比別連多。聰明才智都用到別的地方去，虧我們還受過高等教育，想來不免慚愧。我很慶幸受訓時很少看診，表示身體還挺得住，這正是鍛鍊下的收穫。

夏盡秋來，十二週的入伍訓練結束後，隸屬行政官科的學生兵被集合在一道，背著大行李搭火車北上，到外雙溪故宮斜對面的國防管理學校，繼續接受十二週分科教育。相較於衛武營的吃苦受罪，這兒可說是軍中天堂；早晨出操是跑步到故宮或東吳大學打個轉，然後散步回校吃早餐，接著坐進教室整天上課，連晚上也不例外。令人意外的是，當天氣漸冷之際，晚上還有熱牛奶可喝。管理學校顧名思義學的是行政管理，對念文科的我而言，總覺得管理事不關己。結果人算不如天算，學成到商專教書，學校升格為管理學院，派我當主管，並推薦我去政大念企業管理研究所。更讓我吃驚的是，頭一門課「企業概論」的啟蒙老師，竟是預官一道受訓的同學，如今貴為政大校長的吳思華。人生際遇說來也妙，後來連我也當上大學的院長及教務長，擔負起管理的重責大任。

預備師的參謀 (1979-80)

　　團體生活的軍事訓練，是高度社會化的活動；受訓階段我並沒有不適應之處，剩下就看結訓前抽籤，決定日後一年半載落腳於何處。我們行政官科幹的是部隊幕僚或後勤支援工作，一旦下部隊不免東奔西跑，然而進入後勤單位則上下班十分涼快，所以人人期望抽中後者。猶記得抽籤時幾家歡樂幾家愁，有人抽中某某部隊，一問之下是駐紮外島的重裝師，有女友的擔心兵變，眼眶立即泛紅。輪到我上前抽號時，心中同樣七上八下；後來一聽是預備師，頓時放心一半，因為這是訓練新兵的單位，所以不會到處調動。進一步得知部隊在宜蘭市郊，心想好歹在北部，跟女友可以經常見面，不必怕什麼兵變了。元旦放了兩天假，三日一早搭火車赴宜蘭報到。同期預官共八十六人，陣容浩大，師長一一接見談話，然後分發至下屬單位。

　　師長是位高頭大馬的少將，望之儼然；區區一個小少尉立正於前，我盡量保持鎮定。奇妙的事情發生了，師長聞我姓鈕，便隨口詢問：「有位抗日名將鈕先銘，跟你有沒有關係？」答曰：「正是家父。」只見他眼睛為之一

亮，拍著桌面叫好：「我讀過鈕將軍的自傳，你是將門虎子，就給我留在師部吧！」結果八十六人當中，只有包括我在內的四人留在師部當差，其餘就分發到下屬的旅部、營部、連部去了。在大單位裏當小官，有個令人意想不到的狀況，那便是可以狐假虎威。由於我被編入師部參一當行政官，需要到下級單位去督導業務。有回半夜派我到十幾二十公里外的旅部去查哨，上校旅長聽說師部大員駕到，衣裝不整地衝出來跟我敬禮，並帶我到處視察，大概沒想到眼前竟是個毛頭小少尉。這一刻我過足了官癮，也看見軍中真是官位壓死人。

　　參謀工作真的就是紙上談兵的文書業務，我到職時前任預官尚未退伍，只好跟著重疊見習；無奈辦公室太小，根本容不下我這多餘的人口，長官先是讓我在會議室閒坐，後來索性叫我回寢室待命，我也樂得去睡大覺。宜蘭的悠閒生活只待了兩個月，因為考取軍校教官而調走。近年宜蘭縣舉行「蘭雨節」活動，十分浪漫。而我在蘭陽落腳的那兩個月，正是淒風苦雨的冬季，部隊晚餐每天都吃火鍋，剛開始覺得很新鮮，後來吃膩了就乾脆自己外食。無雨時下班後一個人在營區門口花十元租臺腳踏車，騎兩公里到市區吃飯看電影，九點前回營點名睡覺。這種愜意的作息跟其他下部隊的同學相較，真是天壤之別。沒想到好日子還在後頭，到軍校教書比在部隊當參謀還輕鬆；一天上兩堂課，其餘時間自己念書，簡直不像在當兵。

學生兵的教官 (1980-81)

在師長豐盛的早餐送行下，我告別了宜蘭的雨，開始擁抱桃園的風；1980年3月成為化學兵學校文史教官，這是真正擔任教職的起點。包括服役時這一年，至2013年暑假，我總共教了三十年的書；其中有四年是讀博士班期間在大學盡量兼課養家，因此授課鐘點並不少於一份專職。常聽說當老師是一份良心的工作，甚至為道德的事業；對我而言，這似乎屬於高遠的理想，雖不能至但心嚮往之。不過現實世界中教學並不易得心應手，更難得賞心悅目。到化校報到後又是重疊見習，待前任教官退伍我才得站上講臺，如是擔綱一整年。化校主要培養基層的化學兵常備士官，這群孩子國中畢業即投身軍旅，接受相當於高職三年的養成教育，然後分發至部隊服役八年。既是高職程度總有些共同課程，身為文史教官，我講授的其實就是國文課。

說來慚愧，我英文不靈，連國文程度也甚差；大學雖然讀文科，就是不敢念中文系，只因為對沒有標點符號的文言文望而卻步。然而哲學系畢業生出路有限，想教書多在專科以下教國文；日後我拿到博士學位，找到的正式教

職便是在五專教《論語》和《孟子》。要把國文教得好並不容易，但是教國文本身並非難事，勤能補拙嘛！算一算我曾經前後教了四年國文，等於替自己補課，無形中也感受到文言文的精義與魅力。不過話說回來，當我開始覺得古文親切的一面，年輕人並不易體會；範文當中的湖上美景，只會引得原本好動的孩子神遊太虛、養精蓄銳去了。為了吸引這批學生兵對中華文化的注意和認同，有回我轉移話題，講起傳統「五術」，並趁機大談「姓名學」，這下子可就轟動武林，非同小可了。

老實說我對「姓名學」一點也不在行，只是偶爾在地攤買了本小書，回家去拿自己和周遭親友的姓名印證一番，算一算天、人、地、總、外等五格的吉凶，再跟五行屬性搭配著看。沒想到這一套對成長中的青少年頗為受用，平常調皮搗蛋不服管教的傢伙，居然跑來要求我為其改名以擺脫晦運。我也很認真地盡量幫他們取個新名字，只是當年不像如今那麼容易去正式登記，所以就請他們把新名當作「字」或「號」，孩子也欣然從命。那一年我是二十七、八歲的少尉教官，跟年齡差我一輪的學生兵相處愉快。有陣子心想在軍校教書既然如此輕鬆，薪餉福利也不差，而哲學碩士在外頭也不見得找得到滿意的工作，不如申請志願留營繼續任教算了。無奈我的後勤官科身分資格不符，加上放洋留學之心蠢蠢欲動，到頭來還是打消念頭按時退伍。

化學家的室友 (1980-81)

　　說起留學之事，過去不是沒有想過，但是哲學系所放洋的人原本就不多，我也就不曾積極看待它，直到來化校當起教官後，心境和事情都起了莫大變化。原來化校教官除了我一個是文史方面背景的，其餘皆為數、理、化、生等系所出身；當年理工科畢業生大多考慮出國，此點由化校每逢托福及GRE考試的週末必須停課可見一斑，因為教官們都請公假應考去了。作為這群未來科學家的室友，我的心也就磨得癢癢的，於是向同事借了幾卷托福錄音帶來聽，不久後也追隨大家報名考托福。當我收到527分成績單時，覺得自己的英語程度倒也差強人意，就開始認真考慮赴美留學一途了。那時候我的心理學之夢又重新復燃，既然聯考與轉系都與它失之交臂，此番放洋一定要扳回一城。結果我真的去美國讀了一學期心理系，卻又半途而廢。

　　雖然我曾經選生物系當輔系，進出實驗室三年，但是跟一群科學家朝夕相處，卻是嶄新的經驗。化校以化學兵科預官居多，此為稀有兵科，人數甚少，能夠考取者程度都極佳。我的三名室友，一個畢業於化研所，其餘分別

為臺大化學系和農化系第一名畢業生，後來三人均申請到全額獎學金赴美深造。二十年後，化學系的已改行當整型外科醫師並返臺執業，農化系的則出任陽明大學生化所所長。跟這群科技菁英共處近十五個月，耳濡目染之餘，於心智衝擊可謂不小。服役前我研究的是科學哲學，由於門戶之見，很難為哲學界所認同接受；這回碰到來自科學界的同事，總算有機會當面請益。妙的是我的化學家室友對此亦興趣盎然，彼此相談甚歡，無形中增長不少理化方面的見識，為日後博士論文寫物理哲學奠定一些基礎。

室友中長期保持聯繫者，就是臺大農化系的楊永正。他退伍後進普林斯頓大學直攻生物化學博士，學成返臺到陽明生化所服務。我有幾年在陽明兼課教人生哲學，下課後偶爾會前往他的實驗室串門子，笑談試管燒杯裏的生命奧秘。而當我從人生哲學走進生死學，為空中大學開課談生論死之際，又想到老室友，乃請他上電視教學節目暢談生命的起源及演化。最近一次見到他是在2006年，兩人同時應邀至中央圖書館臺灣分館演講，對社會大眾從事科學與哲學的普及推廣。回想當年，如願考取軍校教官，有幸到化校任教，意外結交一群理工高材生。一年多的相互切磋激盪，開拓了我的學問心靈和知識視野。當今我標榜自己是一個「人文自然主義者」，正是具有融通科學與人文「兩種文化」的用意。

雜誌社的採編 (1981-82)

　　天下無不散的宴席，當饅頭數完之際，我便光榮退伍了。送行會上我大碗喝酒、大口抽菸，還嚼食著生平第一粒檳榔，倒也頗覺可口。返家後頭一兩週，我仍然會不自覺地早睡早起，甚至疊好棉被；直到三週後踏入職場，成為臺北東區的朝九晚五上班族，生活性質才起了變化，邁進另一個階段。由於出國留學之事尚未有著落，我就在父輩引介下，暫時棲身於電視臺旗下的雜誌社打工，成為一名採訪編輯，也就是記者。當年仍存在著報禁，只有報社及廣播與電視臺記者，才具資格領得記者證。至於雜誌社則稱採訪編輯，而我正是先幹採訪後當編輯。原本規劃是做到出國為止，後來果然在我退伍一週年當天離臺赴美，卻因所學不足，半途而廢，念了一學期心理學便回來重操舊業，繼續在電視臺打了兩年工，直到考取哲學博士班才返歸學術教育界，逐漸安頓下來，至今已近三十年。

　　二十八歲至三十一歲間，我在電視臺上班；由於是寡占事業，收入尚豐，年終獎金也不差。我任職的是臺視旗下的文化公司，先後擔任過《家庭月刊》、《電視周刊》、《常春月刊》的採訪編輯；如今前二者已成明日黃

花，唯有《常春月刊》依舊長青。頂著哲學碩士頭銜初入職場，涉足傳播界，上司及同事多為專校編採科或廣電科畢業，我只好低調行事，抱著不恥下問的態度與人為善。首先接觸的《家庭月刊》屬女性雜誌，我過去編校刊的經驗在此似乎使不上勁，雖然可以如期交差，卻總覺跟自己的粗線條作風不大相應。後來調入《電視周刊》，成了影劇記者，成天跟演員歌星廝混，倒是勝任愉快。《電視周刊》除了家庭訂戶外，最常見其蹤影的便是美容院和理髮店，一週後則如同報張成為廢紙，沒有人會收藏，連圖書館都找不到。

當時主編安排我去跑電視劇的線，其中有一系列單元劇集「十一個女人」，製作人張艾嘉邀請了一群電影導演來拍攝，讓我有機會得識著名導演楊德昌。此君大學念電子，赴美學電腦，然後轉行搞電影。由於具有工程師的嚴謹要求，我曾看見他很用心地繪製分鏡草圖，然後一絲不苟進行攝製，結果硬是把一集拍成上下集；印證於他日後每部電影都十分冗長，足見此乃其一貫創作風格。當記者需要在外頭到處跑，為了寫稿，我也曾坐在武昌街的明星咖啡屋故作沉思狀，久之竟自以為已躋身作家行列。拜記者工作的訓練，我的確練就一支快筆。三十年過去了，包括碩、博士論文在內，我已出版二十七本著作；其中二十二種為學術論著及教科書，另外尚有四本散文集、一部傳記。至於眼前的六十自述及一本詩集，則伺機刊行。這大概算不得作家，但終究還是可以稱得上「作者」吧！

電視臺的小弟（1981-82）

　　男生學文科，要靠本行混飯吃，到頭來似乎只有兩條路好走，一條耍筆桿，另一耍嘴皮。我這一生兩條路都走過了；過去三十多年間，在雜誌社當三年記者是耍筆桿，其餘多半在課堂上教書耍嘴皮。然而除此之外，記者生涯中我還插花式地一隻腳踩進演藝圈，成為電視節目的編劇和製作助理；甚至做過一季的助理主持人，至少我這麼認為。話說我所服務的臺視文化公司，除了編雜誌也兼製社教和綜藝節目；有時人手不夠，便就地取材抓我公差去搞節目。由於大學時代參加戲劇社團，曾有粉墨登場的經驗，我對舞臺並不陌生；一旦要我寫起腳本，倒也有那麼些臨場感。不瞞大家說，當年有些不入流的綜藝節目，其中的搞笑短劇即出自我手。然而我畢竟不是很有幽默感的人，其效果不怎麼樣亦可想而知。

　　從退伍到進博士班之間有三年又四個月，四個月在美國念了一學期書，剩下則當了兩年外勤記者和一年內勤編輯。採訪和編輯是我的主職，近水樓臺在電視臺兼差打工則屬副業。副業得利用晚間及週末假日為之，好在當時年紀輕、勁力足，一年到頭幹活兒也不叫累。記得有回公

司開了個半小時兒童節目「快樂小天使」，一開始找來沈春華和民歌手陳屏男女搭檔主持，外加一個串場的甘草人物圓桌武士。節目在週末下午隔週一次錄兩集，我被安排去當製作助理，工作是在現場招呼小朋友和家長，同時臺前臺後檢場打雜，性質就等於跑腿的小弟。不料首集錄影當天，導播看見我人高馬大，便叫我著裝上臺去當圓桌武士，照例必須進場踩著香蕉皮滑一跤，逗得全場小朋友哄堂大笑，中間再瞎扯幾句臺辭，讓男女主持人有時間換裝休息。

圓桌武士頭戴面具、手握寶劍，神龍見首不見尾，卻是小丑扮相和動作。每集出場兩回，大約亮相四、五分鐘，當場賺得外快一千元，在那年頭算是豐厚的。由於每集固定出現，我也樂得自稱助理主持，彷彿比助理製作高一級。只是這點小小得意，竟被過去軍校教過的學生給戳破。當他來信問道「老師為何流落至此」時，我腦海中立即浮現出那個哲學系畢業生走投無路而到遊樂場扮猩猩的故事。好在辛苦並非沒有代價的，有天我收到一幅小朋友寄來的圖畫，包裝上寫的竟是「臺灣電視公司『快樂小天使』節目圓桌武士收」。這分明為粉絲來函，不禁讓我略顯得意；但也僅此一回，沒有第二封了。「快樂小天使」共播出五年，我和男主持人僅在第一季出現，以後都由沈春華獨挑大樑；匆匆三個月的演藝生涯，就此告終矣。

洛杉磯的遊子（1982-83）

　　在電視臺打工的目的，主要是想存些錢去留學；無奈成為終日忙碌的上班族，反倒跟女友疏於往還，終於走成平行線，而在愛情長跑五年半以後劃上句點。夾雜著惆悵和期待的心情，我頭一次踏出國門，經過琉球落地和東京轉機，花了十幾個小時總算抵達美西大城洛杉磯，展開我短暫的留學生活。由於我改行念心理學，需要利用暑假到大學部補課。雖然進的是州立大學，但學分費並不便宜，要七十美元一學分。一上來光補修三門課八學分，包括工具性的心理統計加實習，以及理論性的心理學史。理論我不陌生，但英文表達能力不足，再怎麼準備也只能考個"B"。倒是過去數學一塌糊塗的我，置之死地而後生，勤作習題熟能生巧之下，統計居然考"A＋"而居全班之首，帶給我不少信心，相信「有為者亦若是」。

　　學期結束前，學生顧問開列了一張表，說還有二十幾個學分要補修，方能進一步修碩士。我聞言心裏直嘀咕，心想實在夜長夢多，而且所費不貲，乃打電話給母校輔大，詢問可否以校友身分返校修課，因為我彷彿記得學校有這種制度。結果是肯定的，補一學分僅相當於九元美

金，算一算價差，買張機票都划得來，於是我便在四個月後空手返臺了。公司大概覺得我還是可用之材，不但讓我回鍋繼續當記者，還答應給我兩次半天去修課，於是我又展開另一輪上班族兼學生的生活，而且一連過了兩年，直到考進博士班為止。花了兩年時間補課，是因為課程有擋修；再說利用工作之餘進修，所選學分亦很有限。兩年內我補足了二十四學分，幾乎修齊心理系必修課，卻對漫長的留學生涯望而卻步，終於決定放棄遠渡重洋，留下來考母校的哲學博士班。

如今回頭想想，服役下部隊任職加任教那一年半，以及短暫留美的四個月，是我一生中心情最浪漫的時期，理由無他，「人在江湖，身不由己」，反而變得開朗豁達起來。沙漠型氣候的洛杉磯，即使在盛夏時節，早晚亦十分涼爽，令人心曠神怡。加上美國使用夏令時間，七、八點才近黃昏。每當我下課穿越高速路上方至對街等候公車，望見遠處的都會高樓，和天邊的晚霞飛鳥時，不禁詩興大發，當即信手拈來，十幾二十首小詩就這麼陸續脫穎而出，記錄下來當時的心情故事。我寫詩的時間並不長，從大二開始，總共十二年，得詩六十三首。上了博士班成為「學者」之後，「詩人」的氣質便逐漸褪去，二十多年下來，竟然連一首都擠不出來，真是無可奈何。好在詩興不再，文思仍在，近年寫了不少小品散文，共出版四種，多少可堪告慰。

選讀生的補課 (1982-83)

　　從二十歲踏進輔大就讀至今，四十年來跟母校的關係不是密切關聯，就是藕斷絲連。十年寒窗固不待言，念博士班之前回來補修兩年課，之後又兼授九年課，此外則偶爾應邀演講或參加研討會。話說我以畢業生身分返校選讀，進的乃是應用心理系，修習當時系主任王震武教授最硬的一門課「實驗心理學」，正課加實驗總共八學分，讓我這個哲學出身的學子，瞭解到心理學是如何從哲學中脫離，發展成為一門十足經驗性的科學學科。回顧十九世紀下半葉，心理學亟思從哲學思辨的路數中掙脫，去擁抱當時正方興未艾的自然科學。力圖突破創新的學者，拿出的策略是把心理學轉變成物理學，於是開創出「心理物理學」，讓人類的心靈問題可以搬進實驗室裏去解決，這門古典學問就形成了今天的「實驗心理學」。

　　許多人都聽說過心理學家用白老鼠作實驗，我修實驗心理學的課，發覺自己就是白老鼠。此課分量甚重，要修一整年，每學期除了正課三學分外，還帶實驗課一學分兩小時。作實驗時兩人一組，互為實驗者及受試者。有些實驗作起來十分累人，例如探究視覺的敏感度，受試者坐在

兩個百燭光的燈泡前，實驗者依操作指示調整燈光亮度，共作一百次，受試對象必須說出每一次是何者較亮或同樣亮。由於必須專心注視燈光，一輪結束兩眼昏花，不知所為何來？這使我回想起過去念生物輔系，跑去修有機化學，考實驗時助教發下一支裝有透明液體的試管，必須經過三十幾道程序，以測定是幾級醇類。我從早上十點進門挨到晚上八點，終於測得結果無誤，頭昏腦脹地踏出實驗室時，還有三分之一的同學在挑燈夜戰呢！

　　常識告訴我，科學研究的目的是追求真理，而作實驗則為印證這些真理；但既然已成為真理，又何必重複印證？老實說我並不討厭作實驗，因為有些實驗還真有趣，有些則很刺激。記得有個物理實驗是用布去摩擦一根裝有木屑的管子，不久打開管子一看，木屑呈現規則波浪狀，此即聲音頻率的顯示。再說生物實驗從蚯蚓解剖到兔子，血淋淋的開腸剖肚，正是為一窺真理。然而當我經歷過物理、化學、生物再進入心理實驗後，一方面體會到科學的實事求是、無徵不信；一方面也自忖本身的玄思臆想、眼高手低。在三十歲前後，我大致上已決定要繼續深造；但是成為人人稱羨的科學家好呢？還是甘於做個沉思默想的哲學家？答案逐漸明朗浮現，我的定力不足，又好胡思亂想，還是回頭讓哲學擁抱我吧！

研究意識：30－35歲

風花下的水月 (1983-84)

　　因為又跟過去熟悉的校園有所接觸，對照於我的中產階級上班族生活，不免覺得時有落差。在臺視文化工作的第三年，剛好屆滿三十歲，我已調入內勤當編輯，不再到外頭東奔西跑，而是鎮日坐在辦公桌前潤稿。不是我吹牛，兩年記者磨練下來，我已能夠日寫萬言，而且下筆成章。這套本領至今未減，乃有半個月完成一冊十萬字專書的紀錄。幹記者、當編輯的經驗，培養出我對把握文字的敏銳程度，有時不免咬文嚼字，甚至吹毛求疵。這種要求用以律己倒也不錯，據以待人就不免強人所難了。我當編輯一上來會把新進記者的稿件改得一塌糊塗，讓人不知所措，連主編也慌了，勸我手下留情。如此久之不免令我氣餒，逐漸萌生退意。當上編輯工作穩定，待遇也不錯，何況這是我早在大學時代就熱衷的社團活動，如今卻覺得乏味了。

　　在辦公室當老編，到學校去補學分，剩下的時間我既沒有對象談戀愛，就乾脆去搞節目賺外快吧！此時我已不再替一些搞笑的綜藝節目編短劇，而是替社教節目及公共電視節目編寫腳本。這是一份較具知性的工作，比較符合

我的胃口；而由於公共電視一開播便頗具理想性，有意擺脫當年電視節目不是政治掛帥便是商業考量的通病，有一陣甚至讓我發心考慮留在傳播界發展的可能。再說那時孤家寡人的我，多少會受到影視界演藝圈風花雪月的影響；跟一些小演員、小歌星打打屁、喝喝咖啡，日子的確過得多采多姿、悠哉游哉。只是當我有一天想看自己編寫卻已播出而錯過的節目，竟因太冷門沒有保存價值而被工作人員洗掉，連存檔也沒有。辛苦編寫製作的節目就這麼消失了，風花雪月彷彿化作鏡花水月，頓時無影無蹤，令我大吃一驚，也驚覺電視臺實非久留之地。

孔子說「三十而立」，我在而立之年面臨人生的重大抉擇：是要留在傳播界平平安安地混日子，還是回到學校進一步更上層樓。我的最終決定是放棄安定追求進步，離開月入三萬元的職場，進入月領三千元助學金的博士班。這是一項冒險的投資，因為我不確定自己是否有能力作學問，畢竟從過去功課不佳的情況看來，我在學術上似乎不容易出人頭地。但儘管如此，我還是義無反顧地一頭栽了進去；如今已歷經二十九年，時間證明當時的選擇是明智的。傳播界的工作在三家無線臺寡占時期收入頗豐，市場開放後逐漸被有線臺打敗，三臺皆經營不善，不少同事到五十歲便被迫退休。而當老師只要學生不缺，至少可穩當地做到六十五歲。我當時捨棄看似安定的工作，追求不可知的進步，卻意外尋得更為安定的生涯，由此可見人生的不可預料。

再回首的深造 (1983-84)

　　雖說面臨安定與進步的抉擇，但另一項更不確定的努力並未中斷，那就是我仍在為出國繼續深造而補課，不過心境已近強弩之末，善盡人事而已。補修學分之事就像前此念輔系，把學分修滿就算完事。如此看來，我的大學本科教育可算是念了兩個半的系：哲學系、心理系，加上半個生物系。雖然只有哲學系讀到博士班，但是後來因工作需要，又花了三年半念完企業管理研究所，一生學問道路可說涵蓋人類三大知識領域。正是在三十歲前後，我的研究意識開始浮現，這一切大抵是從構思報考博士班的研究計畫起步的。博士班的筆試成績只佔百分之四十，此外則包括百分之三十五的研究計畫，以及百分之二十五的碩士論文。我的碩士論文不甚理想，筆試又不見得有把握，只好寄望研究計畫能扳回一城。

　　至2013年中，我連續十二年任教於教育研究所，讀到碩士班及碩士專班考生所寫的研究計畫，覺得大多沒有研究意識。真正讓他們體認出什麼是研究，非得等論文計畫書口試當天，被委員叮得滿頭包才到位。這是因為碩士生過去從未作過研究，需要從實作中學習。至於考博士班

則非但不能對研究陌生，更必須靠寫研究計畫以證明自己的潛力。當年的考試在暑假之初，我既有心為之，乃提早兩、三個月準備；一方面寫篇近萬字的計畫，一方面則針對考科專攻。那一陣子同時要做好三件事：編輯的工作、補修的功課，以及考試的準備；我雖不見得事事得心應手，但一切尚能應付。1984年夏天我年紀三十一歲，補修完成心理系的專門學分，同時也順利考取母校輔大哲學系博士班。依照眼前的情勢，我終於必須和心理學道別，並且辭去穩定的工作，回返校園當個老徒弟、老童生。

　　為了讓考官相信我有能力從事博士層級的研究工作，我必須拿出足以服人的研究計畫。博士班作的是高深的功課，需要紮下堅實的基礎；我的基礎只有科學哲學，理當立於其上以求事半功倍。問題是即使從科學哲學的立場看，我所知亦十分有限，大致不出波普這位科學哲學家的後期思想範圍。好在波普的思想體系十分龐大豐富，可以進一步探討的題材極多；加上他在七十歲前後出版學術自傳，很有條理地勾勒出自己的思路，予我極大幫助。當我發現波普二十六歲寫的博士論文竟然題為《論思維心理學中的方法問題》，更覺深獲我心，因為我剛好修完整套基本的心理學專門課程，可以拿來契入波普的思想源頭。基於這些因緣，我乃提出以波普思想為核心的當代哲學專家研究。三年半以後的1988年初，終於寫出一本夠格也夠份量的博士學位論文；但它卻延遲了十八年，直至2006年初才正式出版問世。

老徒弟的車票 (1984-85)

　　邁入三十一歲之際，我重拾書冊，回歸哲學本業，展開未來二十九年未間斷但行將結束的教學與研究生涯。當時從月入三萬的上班族，一下子轉換為月領三千的老童生，剛開始還真有些不適應。那陣子我賣掉平日賴以代步的小汽車，買學生月票改搭公車上學，起初竟然連候車站都找不著。而一旦上得車來，司機見我的社會人士模樣，硬要我掏出學生證來驗明正身。不久覺得搭車轉來轉去甚累人，乃弄了一臺破機車來回奔波。有時碰上大雨，中途熄火推車，狀甚狼狽悽慘；但行駛於車陣夾縫中求生存，又慶幸絕處逢生。在母系讀博士班，教授大多是十年前念大學時的老師，見我這個老徒弟在外頭闖蕩江湖未成，返來吃回頭草，倒也不曾嫌棄。系主任甚至稱讚我回頭是岸，推薦我到夜間部兼課，每週兩堂鐘點費一千多元，對整月的生活開銷不無小補。

　　輔仁大學為天主教會所設，校長任命還要得到教廷批准；在臺灣雖屬私立，性質上卻可視為梵蒂岡國立大學。輔大特色之一是設有神學院，當年並不為教育部所承認，如今則得以正式核發學位。在天主教的傳統和教義上，神

學跟哲學淵源深厚，此派哲學名為「士林哲學」，一般多稱作「經院哲學」，更有以「繁瑣哲學」譏之。但是平心而論，哲學思想鮮有不繁瑣者，否則難以進入學術之林。偏偏我所嚮往的乃是平實易懂、深入淺出，如清風明月般的常識性哲理，其典型即為波普的「常識實在論」。此一論點主張人心可以透過具有文化底蘊的一般見識，去接觸和認識眼前這個自自然然、實實在在呈現的世界，此外皆不可言說和思議。近年我已進一步將這種「常識實在論」觀點，轉化為更開闊的「人文自然主義」思想，以標幟我的學問大要。

哲學博士班至少要修課兩年，然後通過一套資格考試，取得博士候選人資格，就可以動筆撰寫學位論文了；順利的話，再過一年就能夠提交論文進行口試。當時有位高我一班的學長，就是以三年的最短期限拿到學位；其實他在入學前已升上教授，此即後來貴為輔大校長的黎建球。並非人人都是如此平順，例如有個老同學為了養家活口，學位硬是撐完上限八年才到手，這其中還包括兩年休學。我不想夜長夢多，只希望一鼓作氣平安過關；原本計劃是以四年為期，不料研究一起步便漸入佳境，三年半即畢業了。大致看來，我前兩年學得不少士林哲學的菁華，同時埋首全方位涉獵波普思想；接著就利用其後的一年半載，將彼此融會貫通，撰成一部包含將二者進行對比研究的博士學位論文，也算是對士林哲學的十年訓練有所交代。

課堂上的講師（1984-85）

　　前文曾提及，念文科的出路不是耍筆桿就是耍嘴皮。我當了三年記者和編輯，是靠耍筆桿謀生；如今一邊深造一邊兼課，多少決定了日後得用口授教書來安家。那年頭擁有碩士學位就可以進入大專院校當講師；我一上博士班便開始兼課，學校也立即幫我申請到講師證書，這是我生平頭一張專業證照，年資起算於1984年9月。三十一歲當講師，在輔大夜間部教兩學分的「哲學概論」；我一上來被排去教企管系，役畢方能考夜校的男生，年齡幾乎跟我相去不遠。夜間部同學白天大多在就業，其社會化程度相對較高，而商科學生的表現更是明顯。好在我曾經進入社會打滾三年，不致被看作菜鳥；但真正令我費神的是，如何讓這群期待學以致用的半社會人士，能夠從哲學入門課當中，體認出「無用之用，是謂大用」的道理。

　　其實臺灣的學生並非沒有機會接觸過哲學，至少《論語》、《孟子》當中就有一定的哲理。但是當時我去講授的「哲學概論」，可說屬於道地的西方哲學。早年大學有部定必修課，哲概即為其一；課綱內容由教育部統一規定，還有據此編撰的教科書。我初次上陣，不敢造次，採

用標準本教科書講授，卻覺得非但不能得心應手，反而礙手礙腳。而學生也念得一副愁容、滿臉茫然。我自忖不是表達問題，而的確是教材過於抽象；當年自己大一修此課也感到不知所云，何況外系學生。哲學系日後要深入此道，倒無可厚非；讓企管生學得胃口盡失，豈非違背開課初衷？我勉強教完一學期後，深覺非得改弦更張不可；下學期在經濟系重開此課時，我就嘗試講些同學們較熟悉的課題，並美其名曰「科際整合」。

「科際整合」是二、三十年前流行過一陣子的時髦名詞，大致相當於今日所謂的「跨學科研究」，大陸則稱為「邊緣學科」或「交叉學科」。像我的碩士、博士學位及教授升等論文，分別處理生物哲學、物理哲學及護理哲學的議題，正是典型的跨學科研究。至於要做到真正的整合，恐怕必須協同合作；如果獨立為之，至少要通曉待整合雙方面的專長。我必須承認自己沒有這般本領，但因為個人的雜家性格和治學興趣使然，我相當不安於室，且會自覺而有意地撈過界跟其他領域對話。這種傾向一開始在學界門戶之見下並不受歡迎，但於哲學系以外的教學上倒頗為受用。從當講師的次年開始，我不管教那一系學生的「哲學概論」以及「國父思想」課，都能夠巧妙地融入對方所學之中議論發揮。而這一招也讓我成為受歡迎的老師，並逐漸走向以跨學科研究為主的「應用哲學」之路。

婚姻路的起點 (1985-86)

　　博一念完的暑假我結婚了，時年三十二歲，對象是老同學妹妹的同事。認識十九個月後締結連理，促成的最大原因是我們都認同無後主義，不想生養小孩；這種志同道合的女人可遇不可求，絕對不能錯過。最近我們歡慶牽手二十八週年，朝向珍珠婚邁進。當家母於2009年3月以九二高齡在夢中安詳去世，我的人生遂達到上無父母、下無子女的純然空靈境界，可謂海闊天空、自由自在。我是道家（非道教）的信徒，不主張生命是苦海，卻直覺地認為是非成敗轉頭空，當以「為而不有」為上策。這是我的存在抉擇，歷四十年如一日；隨著親人相繼去世和老病逐漸纏身，再看看多少人養兒不防老，卻為了財產分配而煩惱，更肯定我們的無後是明智的。頂客生活是兩個人組成家庭共度大半生，其中一人為另一人送終，後走的人就得靠好友了。

　　我的婚姻路起點十分克難，太太是小公務員，我則靠助學金加兼課掙錢，兩人賃屋而居，把念博士當成一項投資，卻不甚有把握，一切只好走著瞧。說明白些，這三、四年整個家其實是靠太太養，讓我得以安心讀書；而我也

沒有辜負她的期望，在相當短的時間內便取得學位，也很快地找到穩定的教職。一旦我當上正式教師，太太立刻辭職，專心把她夜校服裝科念完，然後改行當設計師。天生愛美、喜好藝術的她，做上班族搞行政工作的確難為了，對此我真的心存感激。攜手走過二十八載，眼前只有平實、平淡、平凡。倒是她有個同樣無後的同學，有回提到要將財產交付信託，真是一語驚醒夢中人。錢財固然生不帶來、死不帶去，但卻可以運用得恰到好處。所以我決定退休以後給咱們夫妻倆發年金，自求多福是也。

作為哲學學者，撰文記錄自己的學思歷程，其中包括外顯的學問道路和內隱的思想流轉兩方面。學問道路大致起於二十五歲，其中波折不斷，至三十五歲開始穩定下來，四十五歲以後漸入佳境，五十五歲更向上揚昇。而這一切其實反映的乃是我從十五歲便萌芽的自體存在意識，由此決定日後的思想流轉。我的學問道路私淑波普那清晰判明的思緒和擇善固執的精神，思想流轉卻始終呼應著叔本華和莊子的生命情調。過去我長期想效法叔本華為個人的一偏之見奠定理論基礎，像無後主義和薄葬主義等；如今則感覺多言無益，欲說還休，不妨學著莊子鼓盆而歌的豁達心境，滄海一聲笑。結婚若是找對人，生活多少還可以有個照應；生小孩則像養寵物、種盆栽一樣，看看別人樂在其中就好，自己不必多此一舉。但我真沒想到無後主義如今已充分體現出「少子女化」，竟然成為時髦流行。

作學問的工夫 (1985-86)

　　新儒家學者牟宗三於1970年刊行一本小書《生命的學問》，其中一篇同名文章用以彰顯「生命中心」的中國思想，反對膚淺模仿西方「知識中心」哲學所流露出「二毛子的意識」。近年我重讀後頗有所感，更深感慚愧。蓋我從二十五歲正式起步作學問，至五十歲思想大反轉、大躍進之前，可說是一標準崇洋媚外的「二毛子」；甚至連寫論文都非洋文書刊不引用，以其為第一手文獻也。現在想想，這無異於自我異化，著實可悲。哲學是人文學問，跟科學知識不同，具有深厚的文化底蘊和生命承載性質；光是橫的移植，只有拾人牙慧的份。好在我從碩士、博士到升等所從事的研究，都屬於科學哲學；這是一套針對科學技術而發的哲學反思批判，洋人比咱們在行，搞這方面的西方「知識中心」的學問，大致看來仍有一定的正當性。

　　平心而論，我並不排斥「西學」，何況其中大有深意，畢生也未必能參透一二。我反對的是全盤西化，以西方知識代表一切學問，或是比較「高尚」的學問。後者的偏見在哲學界相對明顯，因為哲學系不像文學劃分中文系、外文系，有人遂把西方哲學當作全部哲學來認定，

「哲學概論」教材的編寫便是一例。這明明是以偏概全，忽略了文化的多元性，而哲學卻是深具文化底蘊的學問。倒是英國哲學家羅素在寫《西方哲學史》之際，特別聲明自己寫的只是西方的哲學史，不足以代表東方云云。這才是自知之明，可惜一開始在我的基本訓練內並未被強調。不過我們的哲學訓練至少還會包括中外哲學，不像西方國家的哲學系，可能無視於中國哲學的存在，或是把它跟東方宗教混為一談。

　　哲學的由來古老、歷史悠久，人們即使不諳哲學，多少也聽說過孔、孟、老、莊，以及蘇格拉底、柏拉圖、亞里斯多德。中國的儒、道思想，和古希臘學術，代表著東、西方哲學的重大源頭，二者分別體視出牟宗三所說「生命中心」與「知識中心」的學問。其中的知識中心取向，後來促成科學技術的發展，創造了現代文明，卻也衍生出一些後遺症，集體毀滅的戰爭和全球暖化的加速都是例證。科學哲學或科技哲學其實可以對此作出反省和改善，但是在我的研究起步之初，並未看清此點，而有部分原因是當時整個哲學界並無此自覺。近三十年應用哲學應運而生，尤其是其中的應用倫理學一支獨秀，引領著我的學問途徑逐漸轉向。應用倫理學既然標幟出倫理關注，勢必要形成生命關懷，不能純然走在知識途徑上，強調知行合一的生命教育便是此一方向的擴充。

南北道的奔波（1986-87）

　　古希臘大哲蘇格拉底提出「知德合一」的理想，希望把真理知識的追求和倫理道德的實踐加以有效統合。兩千五百年過去了，這項統合似乎不甚理想，但也不曾幻滅，仍是許多人擇善固執的心之所繫，我也不例外。我進博士班雖然專攻科學哲學，卻未失去當初考哲學系希望涉足人生哲學的初衷。1986年空中大學正式開辦，我三十三歲念博三，聽說空大開授的頭一門哲學課「人生哲學」正在招募面授教師，乃興沖沖地去應徵，結果被派往臺南市擔任一月一回的面授教師，地點位於成功大學之內。那學期的面授時間排在週日，我上午一口氣教兩個班四節課，必須提前一天搭四個多小時客運車南下，借住同學家，再於次日一大早乘公車到成大授課，中午匆匆用完餐便趕回臺北。懷抱著滿腔熱情南北奔波以「傳道、授業、解惑」，卻在期中考時澈底洩了氣。

　　期中考我特地前往監考並留下來閱卷，期待看見這群成年學生在考卷上自由發揮，跟我分享他們的人生觀。結果事與願違，考題竟然採取是非、選擇、填充、簡答的形式，統統有標準答案；同學只要把厚厚的一冊教科書死記

硬背，就可以得到滿分。還記得一道是非題所出的八個大字：「人不為己，天誅地滅。」學生皆答對，標準答案卻說錯，因為課本上指出此一想法等於自私自利。此說見仁見智的成分居多，根本不應該列為考題；一旦考出來，我秉持良知良能，只得一概送分。那天我搭車北返時，心情沮喪到了極點，想到人生哲學課搞成如此這般，倒不如不開授。此事反映出我當時的一派天真，不過事隔二十年，當我又看見空大學生把我主授的「生死學」考前猜題貼在網上，並列出標準答案以供強記，只好苦笑以對。

人生哲學能教嗎？人哲考一百分並不意味人生及格，而考試不及格也不代表做人失敗。這實在是一種弔詭，卻長期出現在我們的教育體制中。說穿了，就是用智育的模式去從事德育，結果令「生命中心」的學問，為「知識中心」取向所扭曲，連帶也讓年輕人的生命受到斲喪。這份質疑從那時刻起開始深植我心，部分影響及博士論文的寫作。我雖然研究波普的科學哲學，卻以《宇宙與人生》為主題，副題則點出希望發掘波普的「存在哲學」。「存在」概念於西哲傳統中有兩層意義：主流意義下的「存在」相對於「本質」，另類意義下的「存在」則相對於「非存在」；主流偏重宇宙時空，另類則指向人生處境。我當時並未覺察「後現代」的奧義，卻有意顛覆主流與另類的位置，嘗試「從人生看宇宙」。

真知識的追尋（1986-87）

　　進入二十一世紀後，政府開始提倡「知識經濟」，依此推行「知識管理」，希望邁向「知識社會」。我治哲學長期受到波普影響，而他又是一個積極強調「客觀知識」的哲學家。加上我後來因為工作需要，曾經念過一陣管理，心想從「資料處理」到「資訊管理」再到「知識經濟」，不啻為一大進步，遂產生一種「心嚮往之」的態度。這種心態在我寫波普論文，以及後來進修企業管理的時期，的確接近「全盤西化」，唯西方學術馬首是瞻。但是我自從四十歲起，通過長達十年的意識覺醒和生命洗鍊，對「西學」已改採一份相當保留甚至批判的態度，同時重新思索「中體西用」的可能。「中體」在此非指「本體」而為「主體」，「西用」並非指「器用」而為「應用」。西方哲學界在上世紀八零、九零年代拈出應用倫理學及應用哲學，多少可為「中學」所用。

　　當然這一切觀點都是從現今反思所得，始有「覺今是而昨非」之嘆；但是在我三十二、三歲正要為博士學位論文用心架構鋪陳之際，所見其實十分狹隘。當時的確力有所不逮，心想能夠搞通波普一家之言已經不錯了。為達

此目的，我嘗試盡可能蒐羅波普所有的著作，再加以歸納整理解讀。波普原為猶太裔奧地利人，中年為避戰禍遠遁紐西蘭，後因謀得教職再移居英倫並入籍。他早年的論著皆為德文，為我所不諳；好在當他離開歐陸後便以英文寫作，同時將過去重要的德文著作自行翻譯成英文。如此一來，讓我不必擔心有遺珠之憾；但當年在臺灣實難以廣求其著作，只好遠渡重洋去美國一一發掘。誰能想像到近三十年後的今天，波普的著述幾乎完全擁有中文譯本，予研究者極大助益。

作為私淑波普思想的臺灣學子，我最欣賞的是他條理淺明的表達和擇善固執的精神。有人說寫論文挑題目要對胃口，方能事半功倍地消化吸收；我深有同感，也確實身體力行。新儒家學者唐君毅指出，哲學問題不外宇宙與人生二端；從宇宙看人生是「最彎曲的路」，從人生看宇宙方能「直透本原」。我十五歲起涉足哲學，至今四十五年，主要關注的始終是人生問題，但研究途徑卻多半圍繞著宇宙問題打轉，不免走過許多彎曲的路。我自忖這跟個性和心境有關，因為我一直有著思想上的潔癖，對晦澀的論述和濃得化不開的思緒儘量敬而遠之。此外我也不想積極接觸宗教團體及其活動，雖然我曾一度皈依成為佛教徒。波普也不接納宗教思想，認其與知識真理不相應。他心目中想的是猶太—基督宗教，我則對一切宗教事物存而不論。

寫論文的甘苦（1987-88）

　　宗教是給人相信，並非拿來討論的；一切皆屬「信不信由你」，存而不論、敬而遠之可也。不過當時身處天主教大學寫博士學位論文，既然受過將近十年的教會哲學訓練，非但不能隻字不提，更應當積極討論。好在「士林哲學」自成一格，可以不假外求；加上其所持實在論立場，與波普思想有所對話可能，我乃以論文三分之一篇幅，從事二者對比研究。寫論文的準備工作十分重要，為窮盡波普所有著述，我按其自傳所附的一份詳細文獻目錄，利用暑假到我曾短暫留學的洛杉磯加州州立大學圖書館去挖寶，兩個月下來影印了近千頁資料。這些材料加上手邊原有的書刊，大致已經囊括波普在1986年以前所發表的論著。他是一位長壽且多產的哲學家，生於1902年，逝於1994年；當我的論文完成於1988年初之後，他至少又出版了六種著述。

　　輔大哲學博士班成立於1969年，是臺灣同性質教研單位的第一所，在我畢業前總共培養出二十名博士。印象中僅有後來的黎建球校長及中央大學通識教育中心主任黃藿，屬於最短期限三年畢業，我因此計劃用四年時間攻

頂；前兩年循例修課，後兩年全力以赴。博三那年除了到校兼課外，其餘時間幾乎都在家拿著字典埋頭苦幹。好在波普的英文條理分明、言簡意賅，陌生的字彙碰上三回不熟也難。我從一天讀三頁逐漸進步到十頁、三十頁，終於可以日行百頁。這時我又充分發揮出過去考碩士班的苦幹精神，花了將近一年時間，將波普全部著作啃完三遍，並依自定架構作成一冊索引。一旦諸事齊備，真正下筆寫作其實用不了太長時間；對我而言，1987年暑假正式動筆，初稿約在十月間完成，十萬字費時不到四個月。

　　寫到這兒，我就十分感謝指導教授武長德，他其實也曾經指導過我的碩士論文。武神父年輕時讀物理學，對科學哲學情有獨鍾，在當時輔大士林哲學圈之中堪稱另類，連帶我也被其他老師另眼相待。早年學界有種門戶之見，不同學派難以溝通對話；撈過界的跨學科研究，更被視為學有未專，不登大雅之堂。奇妙的是，我拿到學位後，應用哲學竟在西方應運而生，加上「後現代」思潮逐漸蔚為時髦流行，對打破「主流」與「另類」相對的迷思大有助益。而當我自博士班畢業後，從未在哲學系專任教職；原本不免覺得有些失落，後來卻感到十分慶幸。我慶幸自己不必隨著哲學界的門戶之見而選邊站，更無需戒慎恐懼亦步亦趨跟隨行規而起舞；尤其是升等當上教授後，更是海闊天空，自由自在。

找頭路的抉擇（1987-88）

　　學術界存在著「知識—權力」的宰制，這是不言而喻的事實；當年我以輔仁大學「純種」畢業生身分投入職場，如果無法在母系「立命」，只好到其他領域去「安身」了。由於我的研究出奇順利，三年半便學成了，在那時也算是個紀錄。寒假前出師有個意想不到的好處，那便是找頭路不易碰到競爭者，因為一般從研究所畢業大多在暑假前謀職。1988年1月底我拿到博士學位證書，快快樂樂、輕輕鬆鬆地過了個好年，然後開始到處投帖。最初竟然都石沉大海，令我不禁有些擔憂；不久系主任問我有無興趣去香港任教，我一口就答應了。那時香港佛教能仁書院設有哲學研究所，所長出缺急著找人；院長來臺北請我吃飯討論細節，待遇跟臺灣一樣，住宿問題卻必須自理，而香港消費最貴的正是住房。

　　結婚近三年，剛拿到學位，我總不能帶著太太去香港擠鴿子籠。正在猶豫不決之際，臺北的銘傳商專來電話請我去面談，這是我寄出二十多封履歷表唯一有回音的學校，時間已是兩個月後的四月中。銘傳安排我上下午各與副校長及校長晤面，然後叫我回家等消息，未料三天後即

將聘書寄達，離正式起聘的八月一日還有足足一百天。此事令我受寵若驚，詢問之下要我去教國文和國父思想；心想雖然沒有哲學課可教，但這些基本課早在軍校及兼課時期多番操練過，肯定能夠勝任。再說我不是要在安定中求進步嗎？畢業後三個月便找到可以安定三十年的教職，夫復何求？教職屬於最安定的軍公教人員，雖然我進的是私校，跟公立學校退撫情況差了一大截，但眼前的薪資待遇並無二致；三十年後的事不急著去想，有個棲身之所才是最重要的。

　　如今二十五年過去了，私校退撫年金終於立法通過，自2010年初起跑；讓我們這些原本被歸為次等的老師，也得以稍免後顧之憂。另外一項讓我沒有後顧之憂的大事則是升等。在1997年3月以前獲取博士學位並謀得教職者，可直接以副教授起聘，不必經歷助理教授一階。這意味著被學界派系宰制的機會減少一半，必須努力突破的關卡只有一座，那便是升等為正教授。我從取得博士到升為教授共間隔九年，而其最短期限則為三年。印象裏三年過關者只有一位，即高我六屆的學長沈清松，他曾任政大哲學系主任，後於加拿大任教；2009年暑假在輔大開國際會議時相遇，儼然哲學界大老。而我自從選擇進入銘傳商專任教，差不多就等於跟自己哲學專門領域分道揚鑣。長期任教銘傳，所授科目不是通識課程便是教育專業課程，哲學早已不與矣。

學術意識：35－40歲

小女生的青春 (1988-89)

1988年8月起，三十五歲的我成為專職的大專教師，展開至少要幹二十五年方能退休的教學生涯。放棄去香港當小書院的哲學所所長，選擇留在臺灣擔任專科教師，一開始並沒什麼具體規劃，凡事走著瞧。讓我驚喜的是，頭一個月仍在放暑假，啥事都沒做卻領到一份副教授月薪，足足比四年前雜誌社的待遇高了一倍。當時心想投資念博士是對的，當老師還不必上班。然而好景不常，事與願違，開學前學校表示我有編輯的經驗，希望我接手行政工作，出任教務處出版組組長。此一職務雖然輕鬆，卻是不折不扣的上班族，一天得打三次卡；卡上若出現赤字，將會影響考績。由於行政工作只是兼職，我主要把心力放在教學上。銘傳那時還是專校，不像大學有哲學通識課，我就被排去教國文、國父思想等必修課。如此教共同課並兼行政職，對學問事業實無甚長進，就這麼走過了三年。

平心而論，這三年間我雖然於學術方面幾乎停擺，卻充滿著當老師的喜悅；原因是成天被一群女娃兒圍著轉，心情自然年輕不少。那時期銘傳有五專及三專兩種學制，後者還包含夜間部；我是小主管，可以減少授課，但要坐

辦公桌，因此白天教兩班五專國文，晚上教兩班三專國父思想。這兩批學生的生命情調可謂大異其趣，前者為清純少女，後者屬粉領族群，關注各有所繫，令我逐漸瞭解何謂女大十八變。我白天接觸的是五專二年級的小女生，連「寂寞的十七歲」都尚未及齡；除了學業之外，最擔心自己長不高。我根據在美國所見所聞，鼓勵她們多飲鮮乳；但似乎嫌晚，要長個兒最好是從小學補起。五專前三年等於高職階段，商專生的青春絕對不會留白，因為功課相當沉重。我在臺上大談《論語》、《孟子》之際，她們卻在下頭埋首作會計習題，此乃正常教學生態。

　　三專生則是大女孩了，夜間部尤其明顯。這群二十上下的姑娘白天工作，晚上進修；換上制服進校門時，手裏還拎著上班時穿的洋裝，臉上的脂粉亦未見抹去，見了更添嫵媚。有天上課前我坐在辦公室等候，一名高頭大馬的女生堆著笑臉走進來跟我寒暄。這位小姐身為班代，一付大姊大的模樣，是個開朗的陽光女孩。女孩開口了，說老師會寫文章，可否幫個忙？我說沒問題，然後她拿出一堆資料，請我代筆寫自傳。寫自傳到要找人協助的地步，該是慎重其事，我乃進一步問個仔細。事情頗出我意料之外，原來她想選中國小姐；更令人吃驚的是，她不但選上，而且榮登后座。她就是陳燕萍，在接受訪問時，竟不忘感謝我這個老師的文字之功，真是不改傻大姐作風。聽說她後來嫁入豪門，算是飛上枝頭做鳳凰了。

打卡機的註記 (1988-89)

　　有天四個教育研究所畢業的學生請我吃飯，她們都修過教育學分，希望當中學老師安身立命。但新進人員大多被要求接行政職。當一名學生形容她早晨趕車上班刷卡的辛勞，我的腦海中立即浮現自己二十年前的狼狽模樣。當年我開著一輛不知道是三手還是四手的破車上下班，一旦碰上塞車必定遲到。至於中午有時參加學生的活動玩昏了頭，也會忘記打卡。只有下班時排隊行禮如儀，不易錯失。結果是一年下來我因為遲到、漏打次數過多，考績列為丙等，不得晉級。別人當專任老師，只要上下課不缺席便自動晉升；我多兼了個行政職，綁手綁腳卡著沒完，到頭來卻在原地踏步，想來就覺得不太公平。然而想歸想，事情還是得做；我前後在大專院校內總共擔任過十一年半的主管職務，或多或少在服務師生，自己也獲得一些寶貴的待人處世經驗。

　　但無論如何，我還是認為當大學老師應該擁有較多自由支配的時間，去從事教學準備及研究工作。對於此點，社會學者葉啟政2007年從臺大退休時，寫了一篇文章〈臨別前的告白〉，有感而發地強調，當初選擇走學者的路，

就是看中教書生涯有較多閒適的時間用以反身而誠。我讀後相當羨慕，同時心嚮往之。不過在現實生活中，行政工作往往不易擺脫，我只有努力與之和平共存。如今做行政已非奉令行事而已，必須主動突破創新，這是把企業管理觀點引進公共行政的改善之道。過去軍公教人員的作風保守，彷彿不做不錯；如今除了政府機構外，還講究第三部門的非營利組織管理，學校、醫院、基金會等機構，正是典型的非營利組織。非營利組織當然不能做虧本生意，但也不能全然以營利為目的，推行公益以造福社會才是其存在的真諦。

現代人的生活脫離不了組織活動，或多或少而已。像我有過半生涯當陽春教授，但也不是有課到校、下課回家那般輕鬆，系所單位對教師還是有許多責任要求。我們的聘書上列有四項責任：教學、研究、服務、輔導，其中服務一項有對內及對外兩方面。對外是從事社會服務，例如演講、為政府出力、從事推廣教育等；對內則必須參加學校的各種委員會、當導師、帶社團等。為了落實學生輔導，學校會提供研究室給老師，而老師也相對要排定留校時間。從組織管理的角度看，老師一職可視為服務業，繳交學費的學生則是消費者；但從生產流程的角度看，老師又是製造業，學生則是個性化產品。近年我一度從事師資培育工作，又嘗試去思考教師如何養成的問題。我沒有受過教育專業訓練，憑著學位就上臺當老師了；然而一切跟隨感覺走，畢竟不是好辦法。

文言文的古典 (1989-90)

　　如今念哲學的要到中學去教國文，除了需修習教育學分外，還得齊備以國文作為專長的中文系基本課程。我很慚愧兩項條件都未具，卻忝列三年國文教師，一年教軍校，兩年教五專。嚴格說來，化校那年的確是拿著高職國文課本的範文在講授，而銘傳頭兩年其實教的是「中國文化基本教材」，也就是《四書》。我的國文根柢甚差，教國文有些不得已；此外還有一學期因授課時數不足，臨時被安排教中國現代史，皆可謂濫竽充數。嘗自嘲「文史哲不分家」，既然學校沒有哲學課，那麼改教國文或歷史等必修課，彷彿理所當然。當然我若講這些話，學中文和歷史的首先就要跳出來抗議，說我在搶他們飯碗；而教書無不希望擁有一口鐵飯碗，如此便無需為排課而煩惱了。我的際遇剛好相反，十幾二十年來大多教些選修課，必須使出渾身解數，始能持續吸引學生。

　　我在銘傳之初仍屬專科時代，教國文和國父思想乃是夾縫中求生存。兩年後學校升格為學院，邁入大學層級，學生至少得選修八學分通識課，哲學遂有了用武之地。我的中文底子差，藏拙就是了；偏偏一開始就當上國

文老師，必須跟古典文言文周旋到底。我自忖文章寫得還可以，為什麼碰上古文便洩氣？結果發現是我不會斷句，把辭句弄擰了，就什麼都不通也不懂。好在中學國文不致太艱深，任何課文幾乎都找得著白話翻譯本，讓我這個懶人和笨人得以避重就輕。可惜這麼一來，文言文裏面的古典韻味和文采精神就大打折扣了。我教《四書》照例拿翻譯本對照著講，就語文教學來說即屬末流；不過我畢竟念過多年中國哲學，雖非專攻，卻多少可以講出點道理來。《四書》的編輯出於宋儒朱熹之手，文以載道之意甚明，順著它說理言志，倒也不失其真義。

　　我的性情偏向道家，至今不認為自己屬於儒家信徒；不過長期獨尊儒術的結果，儒家思想早已內化為大多數中國人的信仰了，我也無逃於它的影響。過去我始終抱持儒家是道貌岸然、不近人情的偏見，直到2005年夏末，我應邀到山東大學短期講學，校方招待去遊覽曲阜「三孔」，當我在「孔林」中看見子貢為老師守墓六年所搭的小屋，心中的感動油然而生。另外的感動來自山東省會濟南，我一下飛機即有人喚我老師，讓我疑惑身分如何曝光？後來走到那兒都聞稱老師，才領悟到這是孔子故鄉的待客之道。儒家源遠流長、歷久彌新，其源頭發端於孔子，至今仍有新儒家當道。我雖不諳儒家精義，但上大三前的暑假，因緣際會參與了新儒家刊物《鵝湖》的創辦，也算是對老師口中的「道德事業」略盡棉薄，如是當屬其同路人吧！

思想裏的國父 (1989-90)

　　教國父思想是另外一種經驗。猶記念博三時在輔大兼課，學校排我去教此課；那年臺灣剛好解嚴，乃見學生質疑為何仍列為必修。老實說，當年「國父思想」的確是當作意識型態在講授，同類課程於高中或高職階段稱「三民主義」，為大學聯考必考科目。十幾年後廢考主義，此課便融入或稀釋成各門社會科學學科。不過話說回來，若以中山思想為平臺，向年輕學子全方位地介紹社會科學諸面向，也未嘗不是一條可行途徑，我正是以此心態去開發課程的。必須強調的是，我以哲學所出身得授此課，在當時還屬於某種恩惠。記得曾看見一紙教育部公文，明示思想課教師必須由三民主義研究所畢業生擔任，師資不足才輪到外所。三研所出身者得五分，又藍又專；政治、經濟、社會所出身得四分，不藍尚專；哲學所出身得三分，托《孫文學說》論及哲學之福，勉強沾上邊；其餘都靠邊站。

　　那年頭三民主義研究所十分熱門，報考的人擠破頭為求得一鐵飯碗；相對地哲學所則冷門至極，於今非但未見起色，更有的關門大吉。但我總覺得事在人為，像我哲學一路念上來，無緣進本行系所，就到外面去活學活用，

靠著一招半式闖江湖，倒也柳暗花明，漸入佳境。在我的多元學思方向中，社會科學原本無足輕重，理由是我的社會化程度未深，倒是反社會心態甚重；大學念哲學及生物學，出國念心理學，都是比較個人化的學問。就像我的古文不靈卻教國文一般，在社會意識淡薄的情況下教思想課，逼得我非得臨陣磨槍不可。說也奇妙，這一逼竟然激發出一股興趣，對政治、經濟、社會等方面的課題產生某種關注，以銜接上波普思想。波普成為聞名於世的哲學家，科學哲學固然獨樹一幟；但是他的反集權論著《開放社會及其敵人》，才是真正令其備受矚目的傳世之作。

教國父思想可以照本宣科，也能夠自由發揮；它是一整年四學分的必修課，順著課本提供的架構去發揮，空間著實不小。我教此課前後六年，從思想中逐漸認識到孫中山的歷史貢獻。1998年秋天我去澳門開會，主辦單位安排大伙兒北上廣東省中山市旅遊，同時參訪中山故居。當我看見院中一棵為鐵柵欄所圍的大樹而感到納悶時，導遊解釋說此乃孫文兒時坐於其下聽洪楊老兵講天國事蹟而萌生革命念頭之所在，因此列為保護樹木。原來此樹來頭不小，堪與另外一株受保護的老樹相輝映，那便是北京故宮後面景山上崇禎皇帝自縊之處。兩棵樹結束了兩個朝代，睹物思古，歷史的巨輪不停地轉動，江山代有才人出，各領風騷數十載。然後呢？是非成敗轉頭空，青山依舊在，幾度夕陽紅。那一陣子我把國父思想當成社會科學概論加人生哲學來講，倒也出入自如。

資管系 的龍頭（1990-91）

　　1990年8月銘傳商專改制升格為銘傳管理學院，設立
九個學系，校長認為系主任最好由博士擔綱；當時校內專
門博士寥寥無幾，倒是文史哲方面人才不缺。這是那年頭
專科轉型時的常見現象，卻為我的生涯及命運帶來意外的
變化。由於我是學校小主管當中唯一的博士，為老校長包
德明所熟識，她老人家遂徵詢我的意見，是否願意調差？
我先問要不要打卡，答案是否定的，便一口答應，結果是
調往資訊管理學系代理系主任一職。資管系的專科前身為
電子資料處理科，顧名思義是培養電腦方面的專門人才，
實用價值極高，跟我的所學相去甚遠。不過系上老師的編
制包括共同科目教師在內，我便因此被編入資管系，展開
為期兩年的外行領導內行工作。但這終非長久之計，而資
管學門又由資訊及管理整合而成，我乃於代理次年通過甄
試，進入政治大學企業管理研究所進修。

　　在資管系當龍頭，是考驗我的領導統御能力之始。
出版組組長連我自己只管三個人，資管系主任卻得面對
六十九位專兼任教師，以及一千一百多名日夜間部學生，
雖然不必打卡，卻得從早到晚坐鎮辦公室。資管系是聯考

熱門科系，二十年前正方興未艾；一上來大家只把它當作資訊與管理的混合，後來才逐漸走向融合的地步。剛開始我雖然對兩方面都無甚瞭解，卻拿出我的科學哲學研究路數，參考西方文獻，對資訊管理此一學科的來龍去脈進行探索，從而寫成一篇論文，令其他大學的資管系主任另眼相待，主動邀請我共同發起組成全國性的資訊管理學會，我甚至還當選上理事。而我正是用這些研究成果和職務身分，通過甄試進入政大企管所進修。待三年半進修結束，我已卸去主任職務，但學習管理學的歷程，卻為我的心智多開了一扇窗。

代理工作具有過渡性質，最終還是想物色一位學有所專的博士主任；我原本以為只代理一年，沒想到一代就是兩年。大學系主任雖然需要具備專業背景，但從組織管理看，扮演的角色其實是中階經理人；其上的學院院長及行政系統的教務、學務、總務、研發等四長，則屬高階主管。學校的行政管理與醫院類似，始終具有雙軌制的張力。學有所專的人自主性強，不易接受外行人管理；若要請這些學者專家去從事管理工作，又可能眼高手低。過去學校招生情況穩定，不怕生源不足，當系主任採專業掛帥治理，倒也相安無事。如今則進入少子女化的戰國時期，大學拚命搶人，系主任不但要去大學博覽會使出渾身解數招徠生員，更要負起報到率多寡的成敗之責。一旦市場機能啟動運作，大學就真的面臨組織管理的考驗，雖然其性質屬於非營利組織。

謝師宴 的龍套 (1990-91)

臺灣各大學中最早成立資管系的是我的母校輔大，時間為1981年。九年後銘傳設系已是第十一間，如今幾乎各校都有此系，符合社會所需也。雖然資管系應運而生。但一起步大家似乎是瞎子摸象的成分居多，因為「資訊管理」此一學門的學科典範尚未確立，但看似前途一片大好，於是各校乃各憑本事，組合成雜牌軍的教學陣容，匆促上場。「資訊管理」顧名思義較接近「資訊化管理」，理當以管理為核心。但實際操作的乃是一套「管理資訊系統」，亦即用於管理活動上的資訊硬體和軟體，此乃以資訊工具為核心。那年頭技職院校的五專、三專、二專不少設有「電子資料處理科」，搞的是軟體設計，反而比較接近資訊管理的概念。但是大學資訊管理系的設立，主要由資訊工程系及資訊科學系出身的人主導，一開始並未對「管理」給予應有的重視。

我被編入資管系成為管理者純屬意外，但很樂於盡力而為。由於是在學校轉型過渡期間，不得已地出現外行領導內行的局面，我乃以相當低調的態度因應各種人事物。與其說是領導，不如看作協商；像排課之事，大家搶

著教大學生或三專生，我則挑五專生及夜間生教。好在身為主管可以減授時數，我就拿一些共同必修或選修課來湊數。我在任兩年期間，碰上的都是專科生畢業。想我自己學士、碩士、博士皆未及參加畢業典禮，反倒是當了兩年代理系主任，風風光光地粉墨登場。但我心知肚明，自己的角色只是跑龍套。其實龍套跑起來也稱得上辛苦，尤其碰上謝師宴，一旦撞期必須到處趕場，還得表演幾段絕活兒，方能全身而退。我這個人生平無大志，有機會上臺跑跑龍套於願足矣。再說當年曾參加戲劇社團，舞臺經驗豐富，這些一點也難不倒我。

　　一個哲學系畢業生進入商專教書，彷彿就註定要成為學術界的邊緣人。說老實話，我考大學時選擇文科而不念法商，多少有些反商情結作祟。無奈世事無常，造化決定方向；放棄去香港教哲學，只好選擇在商專教共同課。不過話說回來，擔任正式教職至今屆滿二十五載，我反倒慶幸沒有成為哲學系專任教師；一來我根本不是正規哲學人的料，二來我總認為咱們的哲學圈有種濃得化不開的勁兒。雖然我曾先後有意去輔仁、東吳、東海等校哲學系專任，但皆被拒於門外；至今只有在母系輔仁及東吳、中央等哲學系所兼過課。我是真正的「哲學博士」，跑到資訊管理系去當代理系主任，再怎麼說也有點扯。好在資訊管理至少有一半的管理成分在，系主任代到第二年，學校推薦我去政治大學企業管理研究所進修，我便欣然接受。

企管所的進修 (1991-92)

　　我進入企管所就讀，雖然只是不授學位的四十學分班，但口碑卓著的政大一上來就玩真的。申請入學採用甄試，一百二十五人錄取三十名，其主要甄選標準是看你在組織中的位階，要中高級主管才有希望上榜；我就是以系主任身分獲選的，且為班上唯一博士級學員。妙的是開學頭一科入門課「企業概論」，老師竟然是我預官同期受訓同學，如今貴為政大校長的吳思華。這種錯綜的關係一開始有些奇特，但久之也就習慣成自然了。我念的學分班叫「科技管理研究班」，簡稱「科技班」，似乎不太知名；但另有一種簡稱「企家班」的「企業家發展研究班」，則大大有名。後者成員大多來頭不小，大約是副總經理以上才有希望就讀。我們科技班則以科技產業中高階經理人或研發人員為主，公職、軍方及民間業者各佔三分之一；我的資管系主任身分，被視為民間研發人才而加以培訓。

　　政大企管所科技班利用平日上課，因此每人於一週內至少必須告假一天外出進修；這對我尚未構成困擾，其他分身乏術的學員可就傷腦筋了。偏偏上課實施分組討論，全班五人一組共分六組，平時作業報告是以組為單位

進行；老師上課隨機抽點各組成員，有人答不上來整組皆沒。這麼一來很快地便培養出全組的革命感情，週末假日固定聚會準備課業，以防功課被當。後來我才慢慢體會出，這種作法正是為培養組織中團隊合作的默契與力量。管理學是一門實務導向的中游學問，不宜空談理論，在美國主要體現為學士後的學程，申請念碩士學位至少需要有一兩年在職經驗。學分班學員雖然拿不到學位，只領得一張結業證書，但所修學分及功課壓力完全不輸正規班。像我們班規劃要讀三年，但一年下來即「陣亡」三分之一；三年後順利結業者竟只有半數十五人。

說來也妙，我二十歲時心裏充滿著反商情結，執著要報考出路不被看好的文科，甚至選擇念最冷門的哲學系。進哲學系除非到頭來改行，否則「做了過河卒子，只得拚命向前」，我就是如此這般曲折行進十五年讀到博士的。沒想到三十七歲時不但成為商科的系主任，次年還進入商學院企管所進修。此事至今又過了二十多年，回顧既往，平心而論，這一切都為我提供了寶貴的心智成長和精神收穫。哲學教導我從事邏輯思考，凡事要講理，不能一廂情願；管理指示我進行策略思考，要往遠方看，避免只顧眼前。記得企管所的關門課是「策略管理」，司徒達賢教授一席「把事情做好的同時，也要把事情做對」的話，予我「見樹也見林」的豁然貫通之感。為了把管理全面學通，我還特別留下來，多修了一門「人力資源管理」的課，三年半才結業。

學術界 的涉足 (1991-92)

　　到銘傳的頭三年，盡幹些教學和行政的瑣碎工作，知識學問幾乎完全停擺。三十八歲時心智活動又重新啟航，且同步朝著兩個性質截然不同的目的走去。在我經歷三年半、自費十一萬元修讀企管所學分班的同時，意外地去到當時的臺北護專兼課，竟因此延續了我的學術志業。話說有位同事應邀至北護兼課，他便順道把我也拉了過去，給三專生上「人生哲學」。那時期北護正醞釀著改制升格，需要拿出些學術成果；出版學術刊物的單位到處積極邀稿，連我這兼任老師也被盯上，我只好一口答應。問題是三年來已跟學術脫節，如今要從何處收拾舊山河呢？苦無著落之際，有天我信步走進北護圖書館；在學術西化的心態籠罩下，我只打算找西書。不料那兒大概沒有讀洋書的風氣，整個三樓西書書庫連燈也未開，我費了一番功夫才找著開關。

　　就在燈火通明那一刻，我的學術生命竟然因此重現光亮，而且縣延不絕，持續發熱。是什麼造成如此奇妙的結果？那是一冊討論護理研究中採用現象學研究方法的專書。現象學是西方當代哲學一個重要學派，眼前它竟然跟

護理學掛上勾，不由勾起我的好奇心，乃隨手取下一探究竟。術業有專攻，當時我對社會科學孤陋寡聞，只偶爾聽說現象學用於質性研究方面，但並不明究理。而它還跟護理學有所交集，對我而言倒真是新鮮事。我原來即從事科學哲學探討，對科學方法有所涉獵；護理學既屬科學的一支，其方法論也許值得深究。心意已定，我就一口氣借了五冊相關的書回家研讀。這是兼任教師借書的上限，而我的博士後自學研究，正是在拿到學位三年半之後，由這五冊書樹立標竿而起步的。事後回想，誠可謂「無心插柳柳成蔭」。

我借回來的五冊書當中，有兩本為我帶來極大啟發，一為《理論護理學》，另為《專業護理的概念基礎》。這兩本書是從哲學角度分別考察護理學理及實務，屬於典型的科學哲學課題，但哲學界似乎從未有人注意到這一塊。1991年秋冬相交之際，我再度提筆從事學術研究論文的寫作，〈護理學、科學與哲學──護理哲理新詮〉於次年在《臺北護專學報》上刊出，大約一萬兩千字，卻據此申請到國科會甲種研究獎勵，全年月領一萬兩千元，予我莫大激勵作用。其後乃再接再厲撰成〈護理學哲學：護理學的科學哲學探討〉、〈女性主義護理學哲學：為護理學提供一個新的科學哲學探究方向〉二文，連同前文連續三年獲得國科會獎勵，可視為我在主流學界研究的巔峰，遂讓我正式燃起升等教授的意念，終於在四十三歲那年修成正果。

通識課的規劃（1992-93）

　　我的資管系代理系主任職務總共歷經兩年，終於因為聘請到一位學有所專的博士副教授而順利交棒。本來以為可以下臺一鞠躬，無官一身輕，無奈還是沒法擺脫行政責任，立即出掌剛成立的新單位「共同學科」，日後改稱「通識教育中心」。共同科也算是系級單位，編制有幾十名專兼任教師，但是沒有真正旗下的學生，可說純為教學任務而設置的單位。那時候銘傳設有應用英文系，所以教英語的老師不在共同科，但教國文的卻包含於其中。國文老師極多，跟我們這些教通識課的邊緣人擺在一道總不是辦法，於是他們想辦法於次年成立應用中文系，總算有機會安身立命。至於教歷史、國父思想的老師，畢竟有著必修課為保障；而我們這些哲學系出身的真正邊緣教師，就只能靠著通識選修課勉強立足。

　　我對哲學教師在沒有專門系所可以搭掛而自求多福的情況深有體會，乃趁著坐上一個共同科主任位置的機會，亟思有所改善。為此我去找校長商量，說咱們現在有了應用英文系及應用中文系，何不順勢辦個應用哲學系？沒想到校長一時竟被我說動，案子上了正式議程，卻因為有人

質疑哲學系招生，可能會在聯考吊車尾而有損學校形象，事情便胎死腹中。妙的是多年後又有人提出要設立應用史學系。但當年校方為表示重視哲學的應用，乃決定讓全校各系必選「應用倫理學」一科兩學分。此課一經推行，立即面臨教師不足的窘境，也就順理成章增聘兩名哲學專任教師；連同原本在校的兩人，四人相濡以沫但求安身，立命則暫時不談了。應用倫理學是西方哲學的新興分支，至少包括生命倫理、環境倫理和企業倫理三部分；銘傳當時是管理學院，將教學重點置於企業倫理之上並不為過。

應用倫理學連續三年開設成校定必選課，倒也未受到排斥；不過通識課只有八學分，列為必選總有人會加以反對。所以後來只好從善如流，將其改列選修課，讓學生在幾十門科目中自由選修，此時我早已不在行政位置上了。共同學科設置一年後，因為排課難以服眾而停擺，單位業務回歸教務處去協調，我這個短命科主任終於下臺一鞠躬。又過了一年，單位起死回生，成為通識教育中心，請另一位哲學同道出掌主任，分置不同的教學組，有系統地設計課程，讓同學不再胡亂選課，倒也是功德一件。通識教育課程於1984年起，在臺灣各大學正式施行，當時還有所謂「部定課程」。後來面臨校園自主的大勢所趨，所有共同必修課都必須改弦更張，於是通識課從狹義的八學分，擴充為如今廣義的二十八學分，但終究還是公共選修的普通課，而與專門或專業課程相輔相成。

大陸行 的見聞（1992-93）

　　我出生於1953年10月，在臺灣長大，但從小被教導自己是中國人。退伍次年的1982年5月，頭一回踏出國門，飛往美國，見識了西方世界。十年後的1992年9月，我自英國殖民地香港越過羅湖河進入深圳，首次踩上中國的土地，這年我三十九歲。過去聽人說「近鄉情怯」，不知是啥意思；但是當我在中國邊境通關時，心頭確實有些膽怯。這種膽怯並非鄉愁，而是反共教育的後遺症。我們這一代自幼被灌輸「萬惡共匪」的恐怖與可怕，這下子就要走進「匪區」，那有不怕的道理。然而當我一過關，看見深圳市區拔地而起的摩天大樓，幾乎跟香港長得一模一樣，心中那份疑懼很快便消失了。這種比臺北還要進步的景象，跟我想像的「匪區」相去千萬里。就在那年之初，鄧小平南巡並發表重要講話，從此順利地把大陸的經濟改革搞了上來。

　　二十一年前的初次大陸行，距離「六四」只有三年，香港則尚未回歸；而深圳作為經濟特區，可算是一道樣版窗口。我由此處接觸的第一印象可說差強人意，因為這是一座新城市，硬體建築沒話講；但老百姓的素質一時跟不

上來，軟體便大有問題了。別的不說，就拿交通來看，香港雖然靠左走，讓我很不習慣；但人人守法講公德，卻令人耳目一新。深圳則是另外一個無法無天的世界，亂穿馬路闖紅燈者比比皆是。最妙的是我逛市區回程時搭公車，到了終點站，司機竟從窗戶跳出去，蹲在地上抽菸。我正納悶他為什麼不走車門下車，原來小小車門上下乘客擠成一團，完全沒有先下後上的規矩。而等人都擠上車，司機再從容自窗口爬上來就座開車。對我而言，這真是天下奇景，卻是此一新興城市習慣成自然的叢林法則。

五個月後的大年初二，我參加銘傳和淡江師生合組的六十人龐大訪問團，在兩週內走訪了西安、北京、天津、上海、杭州五座城市，才算是真正體會到中國內地的風土人情。這趟旅程的第一印象，是吃到半生不熟的炒飯。原來抵達西安已是下午，旅館餐廳大師傅回家過年，小徒弟所剩無幾，一下子來了個六十人的旅遊團，立即手忙腳亂，就此讓我們嚐到難以下嚥的一餐。但是事情也有美妙的一面，抵達杭州當晚剛好碰上元宵節，我們一行人頂著零下兩、三度的氣溫外出看熱鬧，只見街頭人手一支花燈，滿城盡是燭光影，氣氛之浪漫令我們忘卻寒冷。於是大家立刻掏錢，購買一元人民幣三支的小花燈，然後浩浩蕩蕩，有說有唱，度過一個難得的元宵夜。當一名女同學不小心引燃燈紙時，映現在她臉上的紅通通可愛模樣，我至今仍記憶猶新。

意識覺醒：40－45歲

個案式的教學 (1993-94)

　　我經常自認為是一只擺錯位置的棋子，但除非太難以忍受，我其實已經培養出某種隨遇而安的心境，同時也伺機尋求突破創新的可能。像我以人文學者被任命為資訊管理系主任，雖然只是代理性質，然而一旦坐上去後，總不能始終外行領導內行，於是便走上在職進修之路。不過在政治大學企業管理研究所進修了三年半，領到結業證書時我已不在其位了。自費花掉十一萬元進修，只能視之為純粹在為自我充電。這幾年間，我逐漸放下對商科的排斥，轉而將管理視為一門有意義的社會科學學科，加以積極學習和應用。其中最令我覺得耳目一新的，就是幾乎所有的授課老師都採用個案式教學，連統計學也不例外。個案式教學的價值，即在於活學活用；它沒有標準答案，需要發現的乃是最佳情境分析和決策。

　　個案式教學的方式和內容雖然有趣，但是學起來可不輕鬆；教授們個個要求我們這些平日工作忙碌的學員從事角色扮演，而上課即進行分組捉對廝殺，拚個你死我活。說你死我活並不為過，因為成績計算是零和遊戲；每次上課時，對立的雙方必須提出對自己有利的說法互相較勁，

勝出者始能得分。平日上課就在這種激烈的論辯競爭中度過，大家都得繃緊神經全力應付，否則失分太多，平時成績就不及格了。好在對抗過程並非單打獨鬥，而是團隊合作；五人左右一個小組，六組同學一回抽兩組上陣，一學期至少會輪到五次，三門課修下來，光是事前準備就夠受的。為此每組的五個同學必須結合成革命戰友，每週末在同學家聚會切磋琢磨，以充分備戰，免得大意失荊州。

　　現在問題來了，跟我同組的伙伴皆是來自公民營機構及軍方的科技研發人員，平日公務繁重，不必談事先準備，週末能準時出現已經不錯了。於是準備功課的任務常落在我跟一位搞導彈的研究人員身上；加上我在大學任教，於是自然而然地，大家便公推我代表全組上臺報告。久而久之，老師看出其中玄機，有回出其不意叫我打住不要報告，改由同組其他同學上陣，結果由於有些人不進入狀況，弄得當場敗退。痛定思痛之餘，我只好事先拿著投影片把大家都教會搞懂，如此不管抽到誰上場皆不致漏氣。這種遊戲玩了三年，對我而言可謂受益匪淺；一是團隊合作，次為個案討論，二者均令人有身歷其境之感。放大來看，各式各樣的管理活動，不正是天天在真實世界上演嗎？

策略性的思考 (1993-94)

　　若說學管理有什麼重大收穫，我想就是學會作策略思考吧！學習哲學多年，總認為自己邏輯思考能力得以強化，雖然我的邏輯念得不怎麼樣。邏輯思考是一種基本的推理能力，幾乎每個正常人都具備，會使用但不自覺。而一旦學過邏輯，便能夠產生自覺，從而主動改善本身「講理」的工夫。邏輯的基本精神就在於講理，孫中山先生將它翻譯成「理則學」，可說更接近字義。萬物莫不有理，其理互相通透；總結發現萬事萬物原理的思考基本通則，即是理則或邏輯。記得有回我到東吳大學夜間部法律系兼課，教大一新生「理則學」。法科學生果然有這方面的稟賦，雖是初出茅廬的小伙子，卻個個思維縝密，教起來甚有成就感，亦頗具挑戰性。這是一次難得的教學相長體驗。

　　「教學相長」意指教導本身也具有學習的作用，老師自覺地改善教學方法與內容，其實就意味著個人的學習成長。我至今擔任專兼任教職三十年，也許自己教得不得體，也許學生學得不到位，但終究感到把握住一份學習成長的契機和收穫。這是經驗的產物，它不但適用於教育工

作者，也為管理人員所必備。管理教育以美國為主流，其特色之一即是學士後教育，重點放在專業碩士的培育，亦即人們經常聽到的 "M.B.A."。我在政大修習的正是以科技管理為重心的MBA課程，雖然當時礙於法令，無法獲頒學位，但領得一紙結業證書也很值得。最初入學時一班三十人，三年後結業者僅得十五人，足見功課之重，令一些革命伙伴半途而廢。我為了多修一門相當重要的課程，自願多念半年，結果以優異成績修得四十四學分，深感值回票價。

除了我自願多修的「人力資源管理」一科外，我們三年下來的收尾課程其實是「策略管理」，由人稱「大俠」的管理學泰斗司徒達賢教授擔綱。用簡單的話講，此課教的是「如何在做好一件事的同時，把事情做對」；做好靠管理，做對則需進行策略思考。策略思考即是提出遠見，樹立願景，極具啟發意義和實用價值。縱觀我在政大企管所科技班進修三年半所修的十五門課，基本的「產、銷、人、發、財」五管外，最能讓我體會深刻、活學活用的，即是由吳思華教授開的入門課「企業概論」，以及司徒達賢教授主講的總結課「策略管理」。前者令我對各種組織及其活動有著通盤的認識，後者則為我打開了觀照事業與人生的視野。坊間流行的「潛能開發」、「前程規劃」等，正是對個人生涯的策略管理。

幕僚長的重擔 (1994-95)

　　我從三十五歲開始正式擔任教職，至今尋求退隱共歷二十五載，其中二十一年待在銘傳，三年半去了南華，還有半年棲身嘉義的大同商專。算一算這漫長期間有十三年半未出掌行政工作，其餘時間則歷任各種大大小小的主管。在經歷過的主管職務中，我自認「主任秘書」一職最不勝任。蓋此一職務性質為幕僚長，必須替老闆協調業務，分憂解勞；而我生來一副自了漢性格，雖不致給老闆添麻煩，但也難以分擔重任。事實上，它的業務量的確十分沉重，看一看我離開辦公室去上兩個鐘頭的課，桌上堆積的公文便知其份量了。照規矩，全校所有公文在送達老闆批示前，都要經過主任秘書簽註意見，供層峰決策參考。這是一種站在高端進行全方位思考的工作，對學過管理的我並不陌生，卻總覺得力不從心。

　　當時的銘傳已辦成臺北士林和桃園龜山兩座校區，後者面積較前者大五倍，但交通不甚方便。然而為了長遠打算，還是得把一些系所遷往新校區；問題是除了新設系所外，誰都希望一動不如一靜。為使政策順利落實，學校不時會召開協調會，這就是考驗幕僚長協調業務的機會了。

平心而論，此一職務的確讓我增廣見聞；尤其重要的是，當時我正在政大企管所選修最後一門「人力資源管理」的課，理論跟職場上的現實際遇相互參照，無疑是最佳學習經驗。不過我雖然盡力而為，卻也不容易盡如人意。何況堆積如山的公文中，例行業務佔了一大半；這些事情雖然處理起來沒有太多困難，但卻相當花時間。我這個人定力不夠、沉不住氣，怕煩的人偏偏碰上瑣事不斷，久之自然興起不如歸去之嘆。

前此我在學校已幹了五年主管，因為單位裁撤而卸職，剛過了一年的閒雲野鶴愜意生活，成為有課就來、沒課走人的陽春教師。沒想到好景不常，竟被擺到更高的位置上，還得學著做一個「沒有聲音的人」。而這正是幕僚長的寫照：不發聲、不表態、不居功、顧全大局、默默耕耘。對此我雖然可以適應，但總自認不太勝任，乃於一學期將屆時決心求去。照說幕僚長是老闆親信，不易隨意置換；我雖遞出辭呈，卻總不見下文。這時有件意外事件讓我得逞，想來實在不可思議。話說當年趙少康脫黨競選臺北市長，希望學者連署造勢。有回我去輔大兼課，遇見前輩史學家黃大受教授；老人家要求我簽署，不便拒絕之下，次日竟然見報，成為銘傳唯一代表。有人以此將我參奏一本，謂我有負於「本黨」，辭呈遂順利批下，終於了卻我一樁心願。

新學校的籌設 (1994-95)

　　1995年初我終於完全卸下銘傳的行政職務，快活地連續幹了兩年半的通識中心陽春副教授。在這期間，我一方面努力撰寫升等著作，另一方面則因緣際會參與一所大學系所的籌設；那便是今天位於新竹市的玄奘大學，當時還只是人文社會學院的位階。玄奘由中國佛教會募款集資興辦，籌備處設在臺北市善導寺內，由住持了中法師負責推動。佛教團體以社會力量辦學，禮賢下士邀請曾任世界新專校長的張凱元教授出任籌備處主任，而張教授當時正任教於銘傳觀光系，且是高我五班的輔大哲學系系友。有此因緣，他主動提出希望我籌辦哲學系，我也樂得答應共襄盛舉；但沒想到好事多磨，兩年半以後玄奘正式成立招生，初期規劃的五系唯獨少了哲學系。而我則隨著時空流轉，漂移到更南方的嘉義縣南華管理學院，辦起了生死學研究所。

　　有機會去籌辦一個既能夠揮灑又得以歸屬其中的專門科系，對我這個哲學人來說，當然是求之不得的事情。於是在那一陣子，我幾乎是快活地在築夢與逐夢。當時玄奘的校地確定落腳在新竹市香山區的一處谷地裏，有回我

隨大伙兒去考察校址，從谷底步上丘陵頂端，看見不遠處的海岸風景，內心好不激動，一股從此得以安身立命的浪漫情懷由衷而生。回程時我特地繞上尚未完全通車的北二高，在一條全新的路，打開收音機，播出的竟是趙詠華的「最浪漫的事」，從此愛上這首歌。下交流道立刻找家唱片行買到她的專輯光碟，後來不但學會了唱，更成為我上KTV時的招牌歌。這種尋求歸屬感的心情追逐，從我正式擔任教職起一直綿延至今，二十餘年來起起落落，直到最近讀到美國哲學家羅蒂的後現代思想後才豁然開朗。

這種心情故事的流轉，可以歸結為一句話，那就是「邊緣人的苦悶」，我在下兩節會加以描述。它的來源關係到知識分工，多少反映出讀書人在「隔行如隔山」情況下的處境。簡單地說，當時的感受是學了哲學就應該到哲學系去任教，在外系或通識中心棲身，就等於是寄人籬下或漂泊流浪。我拿到博士學位後，本來有機會去香港能仁書院哲學所任教，卻因為剛成家立業，無法漂洋過海，只好就近選擇銘傳商專落腳。平心而論，銘傳的確待我不薄，但學術生命卻始終無以為繼，終不免產生有志難伸之感。此時同事找我合作創辦哲學系，自然願意共襄盛舉。不過事到臨頭竟然出現大變局，因為有人去跟法師進言，曰哲學系招生會吊車尾而影響觀瞻，而佛教興學不如辦宗教所云云。結果哲學系胎死腹中，改籌設宗教所；我仍擔任籌備工作，但興趣已缺缺矣。

升等書的寫作（1995-96）

籌設新系變數太多，我一人也無力回天，浪漫終歸要回到現實。現實是我已經幹了七年副教授，而依規定做滿三年就有資格提升等。我因為頭三年忙於授課，學術上一片空白；後四年持續有論文發表，且接連得到國科會獎勵。在這種情勢下，我想再多寫幾篇文章，湊成一本書出版，以期用專門著作送審升等為正教授。一如前述，我到頭來係以《護理學哲學》一書通過審查，但過程簡直可以用崎嶇坎坷來形容。由於從送出到通過時間長達兩年，其間彷彿石沉大海、音訊全無；我幾乎快要放棄希望，卻又傳來通過的消息，可說恍如隔世。與我一同送審的同事就幸運得多，半年內連續通過內審及外審兩關，順利達成目標。好在到頭來我也修成正果，年資追溯到外審送出之日，因此只比同事晚了半年取得資格。

如今回想，十幾年前這種不順遂的經驗，可能同樣反映出知識分工的壁壘分明；它鼓勵的是鑽牛角尖的「專」家，而我自始至終卻傾向於做個博而不精的「雜」家。雜家很難進入專家齊聚的園地，即使進去恐怕也待不住。說來我又很慶幸自己不曾到哲學系專任，雖然我曾經申請過

三家皆鎩羽而歸，其中還包括近年的一次。但我實在無法想像自己如何身處哲學系的氛圍中而不會坐立不安。我有許多哲學界的朋友，卻都保持著「君子之交淡如水」的關係，理由正是「道不同不相為謀」。原因不在他人而在於我，我雖出身正統哲學系，且是同一所學校的純種門生，但我自覺似乎從未跟那一個門派路數沾上邊。碩、博士論文研究過波普後便算完事，此刻升等論文另起爐灶，搞起科際研究來了。無奈當年學圈並不欣賞撈過界的探討，我只好土法鍊鋼、閉門造車一番。

真正的情況不得而知，據說我的升等專著命運多舛，但所幸體質尚佳，沒有中途夭折，只是有些難產，卻終能撐了過來。話說那年頭升等要過兩關：校審和部審，先後由服務的學校和教育部學審會負責找人審查；兩回合通常都要三個人審，至少兩人通過才算數。一般審查時期大約一、兩個月便有回音，我的校審卻拖了七個月，連帶把部審也耽誤了。而部審這關又足足等了一年才見下文，大概是因為跨學科研究成果不易找到適當的人評審。我的專書既以《護理學哲學》為名，照理要分別送到護理學及哲學學者手上去審閱；我相信護理學者會比哲學學者更懂得接納我的觀點，並欣賞我的創意。這其實是一大冒險，因為我選擇了女性主義觀點來書寫，在當時不但容易引起爭議，而且也相當邊緣化。

邊緣人的苦悶 (1995-96)

　　1996年婦女節那天，我為自己的專書撰寫序文，題為〈邊緣人的邊緣思考〉。在其中我強調自己是哲學的邊緣人，也是大學的邊緣人；「邊緣性」是我一貫的存在處境，寫書乃是讓有緣人一道來從事邊緣思考。寫這些話語時，我的心情真的是苦中作樂；因為邊緣處境確實令人感到苦惱，既得不著學生認同，也難以在學術上有所作為。由於我這幾年教的都是通識選修課，學生來自不同科系，以大班形態教學；班上除了同系的小圈圈外誰也不認識誰，只能用演講方式授課。政策規定每個大學生至少得選修八學分的通識課，學校乃開出幾十門兩學分的各式各樣課程，讓學生各取所需。這些便是學生心目中的「營養學分」，要挑既大碗又好吃的課來上；而老師也只好從善如流，否則便有可能被自然淘汰。

　　說自然淘汰並非誇張之辭，因為通識課一般完全開放選修，棲身於通識中心的老師若無必修或必選課可上，就必須完全受制於市場機能的運作。在此情況下，學生乃是消費者，教師成了供應商。如果老師提供的內容口味不對，學生不是退選或乾脆不選；課一旦開不成，老師自然

掃地出門了。如今這種情形已形成為充分配套的措施，開學頭十天至兩週為「賞味期」，學生可以自由出入教室品嘗各門課內容優劣，再決定是否加退選。由於一開學授課情況極不穩定，加上老師又必須使出渾身解數吸引並留住學生，於是出現類似逛街購物叫賣的市場景象。我雖對此一現象見怪不怪，但仍覺得有待商榷之處。大學市場化成為勢之所趨，但專門與通識課程及教學的不對等性，多少還是讓我感到有些受挫。

我因為擔任過兩年資管系代理系主任，吃了不少回謝師宴，有時竟覺是種負擔。同事中有位教通識課的老師心情便大不相同，有天他訴說自己坐在教師休息室中等待上課，看見學生進來恭敬送請帖給專門系所的老師，卻從未見有通識教師受邀，乃油生一份悲哀。我雖笑稱這是「人比人，氣死人」，但心裏同樣不是滋味，泛起了陣陣邊緣人的苦悶。直到近年這種心情完全逆轉和改觀，我不但以通識課為榮、教通識為樂，連那種邊緣心理也一掃而空。「沒有核心，何來邊緣？」順著這種後現代觀點思索，一切立即為之釋然。後來我雖然當上所長、院長、教務長，躋身大學核心而非邊緣，卻日益肯定還是做一個自得其樂的通識教師來得有趣。畢竟我教的通識課諸如「生死學」、「人生哲學」等等，正是我深感興趣的課題啊！

觀人生

自我生命教育

人文情的召喚 (1996-97)

　　我對於通識教育的認同，並非在反對專門及專業教育，而是為肯定人文精神。今天大學裏開設通識課是模仿美國人的作法，往前回溯就會碰到「兩種文化」的提法。「兩種文化」之說來自英國科學家暨作家史諾爵士，他在一九五零年代後期的演講和著作中，提及當時英國古老大學如牛津、劍橋之屬，校園中文科和理科教授非但老死不相往來，還互相看不起對方。他形容這是科學與人文「兩種文化」分裂所致，理當謀求改善之道。由於二十世紀科技掛帥、專業當道，人文學術要麼靠邊站，要麼也走向技術化、專門化，哲學正是一例。為彌補大學內重理工輕人文的趨勢，讓大學生的學習領域能夠面面俱顧，美國哈佛大學乃構思規劃通識教育核心課程，並於七零年代開始實施。臺灣有樣學樣，由教育部通令各大學，自1984年起開授通識課程。

　　通識課在臺灣原本只及於大學本科生，後來也落實到專科生身上，研究生則沒份兒。然而當我於2009年秋季到大陸高校訪問交流，在北京師範大學作了一場演講，對象竟是上百名碩士生，利用他們的公共課時間講科學哲學。

這門公共課乃是「自然辯證法」，在我看來正屬於研究生的通識課，不同之處在於其為必修。大班必修課的作法屬於計劃經濟，不必向市場機能低頭，但仍必須服膺人心，以免流於空談。所以我常說，通識課即使被視為營養學分，也需要真正為學生提供心靈的養分。而在一個科技掛帥的時代，這種養分多半來自人文精神。由於哲學系教職僧多粥少，許多哲學博士一出道，經常身不由己去教通識課，以先求養活自己。我也是如此一路走來，二十餘年漸入佳境，頗能甘之如飴，甚至培養出一種為圈外人提供人文養分的使命感。

此種使命感終於在另番機會來臨時得以落實，這回是另一所佛教學校南華管理學院的籌辦人龔鵬程教授找上我，接手去世不久的哲學暨宗教學者傅偉勳的未竟之業，創辦一所全球唯一的生死學研究所。龔教授出身淡江及臺師大中文系，後來先後擔任南華和佛光兩間學院的創校校長，並且順利讓兩校升格為大學，功不可沒。其人自視為正統儒家，與道教淵源深厚，卻因緣際會創立兩所佛教大學。1997年2月我被委以南華生死所籌備主任，不久就奉准招生；不像上回辦哲學系胎死腹中，這次設生死所成為箭在弦上。看來銘傳是走定了，心裏雖有些不捨，但在一股人文精神的召喚下，又堅定了揮手自茲去的信心。離開熟悉的臺北，去到陌生的嘉義，為的還是追求一份人文關懷的理想。

生死所 的招生 (1996-97)

　　接手籌設生死所的那學期，我仍在銘傳任教，每週三上午駕車三小時南下開會，於鄉間的學校跟一群有志一同的人文伙伴吃喝加住宿一晚，次日大早再兼程趕回臺北上課。六月初南華生死所招進首批十五名碩士班，我也接到正式聘書，自八月起出任所長。當時南華已設有哲學所，我卻無嚮往之意；畢竟在我的心目中，生死學的天地較哲學寬廣、有趣許多。由於是新興學科加新創系所，沒有前例可循，我只能摸著石頭過河，一步一腳印地走下去。好在先行者傅偉勳提供了一幅初步的藍圖，大致包括哲學、心理學、宗教學諸學科的整合，我再加上生物學和社會學等方面的考量，依此架構成日後我所謂考察人的生老病死之「生物—心理—社會—倫理—靈性一體五面向人學模式」。

　　那幾個月每週南來北往奔波於高速路上，形成我的二度浪漫之旅。說真格的，我還特別帶著趙詠華的光碟，一路歡唱「最浪漫的事」。兩年前設哲學系未成，如今來了個生死所，自認可以鴻圖大展一番。由於傅偉勳出身哲學，因為身罹絕症感悟生死無常，乃有生死學問與智慧的

建構。此乃牟宗三筆下「生命的學問」之流露，非但不能流於紙上談兵，更應該朝向生死攸關的情境上著力。據此我便提出生死學的四個具體實踐方向：生死教育、生死輔導、生死關懷、生死管理，分別著眼於死亡教育、悲傷輔導、臨終關懷、殯葬管理四種擁有證照的專業活動。沒想到多年後它們各自得以落實；臺北護理學院於2002年成立「生死教育與輔導研究所」、普通高中生命教育類2006年課綱載有「生死關懷」一科，而南華則於2001年創辦「生死管理學系」參加大學聯招。

　　生死學的理論與實務諸面向形成我們的課程架構，其全方位的視角覆蓋面寬廣，很能啟發學生。而首批碩士生的來源也相當多元，有中小學教師、醫院護士，還有執業律師。面對如此背景異質的學生，對之施以前所未有的多樣課程，本身即是極大挑戰。我一上陣便感受到自己的眼高手低，而這又是我頭一次教研究生，跟上大學生的通識課可謂大異其趣。好在南華地處偏遠，老師學生大多住校，朝夕相處，彼此切磋琢磨，倒也逐漸找到交集。也只有到這個時候，我才真正明瞭「教學相長」的真諦。就在接手籌設南華生死所的同時，我也在銘傳講授幾班通識課「生死學」；學生反應不差，增強了日後教研究生的信心。生死所雖屬專門系所，但因其主題涉及人們鮮明的生命、生活與生存，不能也不應陷入專業主義的窠臼；我乃以高階通識教育視之。

山腳下 的書院 (1997-98)

　　1997年夏天我正式揮別臺北和銘傳，到嘉義縣阿里山腳下的南華學院，尋夢似地希望從此能夠安身立命。不算籌設生死所那半年，我在這所佛教學校一共待了三年半；套句佛教的話說，一切盡在「成住壞空」裏流轉。三年半之間，我經歷到臺灣高等院校歷史上的一段奇蹟，或許真的是既空前又絕後。對於南華的教研生活，我的閱歷並不夠全面，更客觀不起來，一切都屬於主觀的評價。主觀上，我將這三年半分為截然不同的兩個部分；前兩年親歷到的是一座充滿人文氣息的仿古書院，接著則為改名後的一般大學。湊巧的是，前後兩任校長皆來自淡江大學，一人曾任文學院院長，另一則由管理學院院長借調而來。由於我曾經念過三年半的企業管理研究所，深覺大學管理之事值得一提。

　　我離開銘傳之前的七年，學校的層級是管理學院，走的那年改名為大學；來到南華的頭兩年，名稱同樣為管理學院，接下去也順利改名大學。在我看來，作為大學的南華性質和銘傳相近，反倒是作為管理學院的南華，頗似我參與籌辦多年、理想中的人文社會學院。佛教團體辦學

校是好事，但不必辦成佛教學校；玄奘捨哲學系設宗教所是教團的考慮，而僅有三年歷史的南華管理學院則屬於臺灣高校的異數。理由無他，領導者的行事風格而已。佛光山宗長星雲法師慧眼識英雄，先後讓龔鵬程教授創辦南華與佛光兩所學院，各擔任三年校長；其大智慧在於充分授權，放手讓校長去揮灑。而龔校長也善用教團的雄厚財力，充分掌握人事與財務的決策。在有人有錢的情況下，兩所學院都辦得頗具特色；反倒是當學校改名大學，校長功成身退後，一切便與其他大學無異了。

龔校長掌舵的南華管理學院存在於1996至1999年間，他把它辦成一所精緻的傳統人文書院，我有幸躬逢其盛，在大山之腳下度過一生中最為浪漫的兩年。這幾年中，我們大碗喝酒、大塊吃肉，但文風不減、弦歌不絕；理由無他，無為而治、順乎自然而已。今天的大學體制是西方產物，理工醫農法商科的分工也反映西潮，唯獨搞中國學術的學者還保有一份古意和詩情。南華創辦之初，從校長到三長加上唯一的哲學所長，都是土博士出身的中國文哲學者。由於學生甚少，經營成一所精緻的傳統書院並非難事。其後系所增加，學科多樣化，不同背景和氣質的學者在一道共事，書院的傳統風味遂逐漸淡去；原本志同道合的人文學者，到頭來也只能各奔西東。我雖然未能自外於此一大勢所趨，但始終懷念當年的浪漫情懷。

小木屋的浪漫（1997-98）

當年的南華學者大多有幸分配到一幢小木屋當作住房，宿舍離研究室步行五分多鐘，出入相當方便，身處其中，彷彿又回到大學時代住校的黃金歲月。我到南華擔任生死所創所所長，兩個月後迎來的第一位遠道客人乃是南昌大學教授鄭曉江。他的興趣和專長為生死哲學，因為在內地參加臨終關懷方面的會議，得識來自臺灣的醫護人員，相談甚歡之下，受邀來臺訪問交流。邀請單位特地安排他來南華參訪新成立的生死所，我們便是如此結緣的。這段因緣歷久彌新，十二年後我在北京聽他對小學教師演講生命教育，依舊是意氣風發。鄭教授同我跟龔校長都是江西老表，一見如故，便安排他到小木屋享受酒肉，醉生夢死一番。事後他為文盛讚南華小木屋是「中國知識分子之夢」，其中浪漫情懷可見一斑。

我住在小木屋是頭兩年的事，後來改朝換代，請我出任人文學院院長，雖然換成大木屋住，但是景物依舊，人事全非，浪漫氣氛從此一去不復返。撫今思昔，我並非想刻意誇大那份情懷；然而隔著十餘年的時空流轉，我想強調的乃是在那個特定時空下的人文靈光乍現。這其實只

是一次化不可能為可能的特殊際遇，關鍵在於一位不喜墨守成規的星雲法師，找了一位不按牌理出牌的龔教授當校長，讓他放手去創辦幾個沒有前例可循的系所，例如文學所、生死所、出版所等等。由於那年頭沒有大學系所評鑑的框架限制，辦大學比較能夠海闊天空發展特色。尤其重要的是，可以有機會擺脫美式大學的格局，回歸傳統書院的理想。傳統書院是一處論學談心的園地，師生浸淫在中華人文的氛圍中潛移默化，以培養獨到的氣質與胸懷。

中國人文精神薰陶下的文人離不開酒，歷史可為明證。而在南華幾乎人人能喝，不喝酒的人大概就不算文人了。事實上最嗜酒的大學者竟無緣跟我們在南華廝混，那便是傅偉勳教授。我在來此之前十年便與他結識，其人真是不醉不歸的海量人物；有此浪漫情趣，才有資格創辦生死學研究所。畢竟生死所最初的籌設計畫書乃出自傅教授之手，無奈提出送審後不久他就大去往生了；我受龔校長之邀修訂計畫書再度送審，獲得通過後自然接手完成傅老的遺志。傅教授年長我二十歲，跟我是忘年的「酒肉」朋友，對此因緣我曾撰有〈酒肉與生死〉一文以道始末。我有時不免臆想，倘若當年是傅老領著一群生死所師生，在醉生夢死之餘尋訪了生脫死之徑與境，將是何種情景？或許悟道之後更能讓人懂得養生送死，同時勇於出生入死吧！

生命意識：45－50歲

行政職的責任 (1998-99)

　　1998年春節前夕，我意外接到升等送審學校銘傳的通知，謂我辛苦有成已獲通過，年資且起始於一年前。如此說來，我具有合格正教授身分已屆一年，理當調薪並追溯既往；對此銘傳表示離職不得求償，南華則大方地補足我半年差額。資格提昇一級後，沒想到連職位也跟著動了；所長交給別人做，乾脆把我拉上去當教務長。學院與大學同級，教務長位階在校長與副校長之下，是我此生幹過最高的職務，但也只是行政兼職罷了。那年頭流行「教授治校」之說，這是指找有資格任行政職的教師去管理學校。我們的主職還是教書，並非學問大而後官大去管別人，甚至作威作福。大學至少有教、學、總三處，教務處與教學關係最密切，相對投入卻最少。我上任時總務處預算三億，學務處三千萬，教務處卻僅得三百萬；看上去雖不成正比，也只好權宜行事了。

　　我過去當過半年主任秘書，對大學行政管理流程並不陌生，心想只要上面授權，就好好為學校辦事，同時磨練磨練自己。教務長不似主任秘書為不直接管事的幕僚長，也不像系主任及所、院長為特定教學單位的學術主管；教

務處管課務、註冊、招生、出版等一大堆全校性的繁忙業務，尤其是招生。當年生員充足，不像少子化的今天拚命搶學生。南華為佛光山教團所有，通過百萬人興學活動募得數十億辦學基金，因此一開始很大方地回饋給學生，凡是頭四屆考入的學生一律免學雜費。這項優惠並沒有任何附帶條件，四屆包括大學部和研究所，至少要實施七年，估算下來的機會成本約為十億，可說是造福莘莘學子功德無量的大手筆。後來我遇見不少曾就讀於早期南華的學生，都對這項德政感恩不已。教團辦學如此布施，也算是一大創舉。

我在這個職位上只待了一年，就碰到改朝換代而下臺。一年來平淡度過，唯一值得提的是辦了一回全國教務主管會議。此會的目的是讓各大學及學院的教務主管碰頭交流心得、互通有無，那一年由教育部高教司司長黃碧端主持，大伙兒在南華緊鑼密鼓開了一天半的會，然後開拔到嘉義縣新港奉天宮附近去打牙祭，再參觀古蹟及廟會。猶記黃司長對鄉下跳八家將興趣十足，而幾個戴了滿口獠牙的小伙子也跳得非常起勁，充分展現民間信仰的活力。南華雖屬佛教學校，但是一出校門便會感受到地方上多元信仰的魅力，這是都會區所少見的。黃司長後來出掌臺南藝術學院，再入閣擔任文建會主委，對社區總體營造出力甚多。可惜她不適官場文化，不久即被撤換，如今雖又為教育部政次，仍可說有志未伸吧！

生命化的教育（1998-99）

　　兩年逍遙的日子倏忽過去，轉眼便到了生死所第一屆碩士生寫論文通過口試拿學位的時節。在兩年的教學研究經驗積累中，所上老師逐漸摸索出方向和步調；一方面準備送走第一批畢業生，另一方面則展開對碩士在職專班的招生工作。專班制度是已故教育部長林清江的德政，由1999年八十八學年度開始起步，從此造福了千千萬萬個在職的社會人士。教育部的作法是鼓勵各校利用一般碩士班的基礎和資源，在行有餘力的情況下去辦專班；前者平日授課，後者則以夜間及週末假日進修為主。因為事先得知有專班的設計，我們提早一年便經由推廣教育的系統去開設學分班，讓學員先上車後補票。他們先修習一些學分，考進來可以抵免，如此在職進修期間，相對便比較從容輕鬆了。由於成功的宣傳效果，學分班竟然辦得轟轟烈烈，從嘉義延伸至臺北、臺中和高雄。

　　在職班的設計容後再述，倒是一般碩士生在選擇論文題目時，為所上勾勒出一幅更為清晰的教研方向。由於首屆生員中有不少在職人士，且以女性居多，她們乃結合自己的專業，分別朝死亡教育、臨終關懷、悲傷輔導等課題

去發揮。又由於南華配合社會需求，而率先開設殯葬管理的推廣教育研習班次，於是也有學生挑選這方面的題目。如今回首當初，創所時規劃的生死學四大應用取向，始終都有人不斷進行深入研究，課程設計算是走對了路。尤其是死亡教育，正好碰上政府的積極提倡「生命教育」而大有可為。這項意義深遠的教育政策之推動，正式展開於八十七學年度；在這之前，我們便邀請到主導官方政策的重要推手、臺中曉明女中的錢永鎮老師，來所上跟師生座談，分享他的心路歷程。最初的一套完整國高中生命教育教材，正是由曉明女中負責編寫的。

　　必須說明的是，「生命教育」一開始只屬於臺灣省政府教育廳的重大政策，直轄的臺北市和高雄市各有「心教育」及「生死教育」同步執行。次年中央精省，這項業務由教育部中部辦公室接手統籌辦理，省市政策得以統整合流。又過了一年，乃有手握大筆預算的「教育部推動生命教育委員會」成立運作。話說從頭，生死所講授生死學，自然而然認為推行的正是生死教育；而在先行者傅偉勳教授的心目中，它可說係由西方的死亡教育擴充後的本土化產物。但無論是死亡教育還是生死教育，名稱中都已包含了一個「死」字，多少為大眾所忌諱；而生命教育之說，就顯得十分積極而正向。十餘年過去了，生命教育已成眾望所歸，高中正式課程也將「生死關懷」一科列入；我們當然樂於順水推舟、從善如流，推廣各種生命化的教育理念與實踐。

大地震的省思（1999-2000）

生死教育也好，生命教育也好，與其說是知識傳授，不如視為情意體驗；不止是紙上談兵，更需要實際投入。1999年秋天發生的「九二一」大地震，雖然造成兩千五百多人罹難的悲劇，卻也提供了反思與珍愛生命最寶貴的機會教育。記得那是開學頭一天的深夜及次日凌晨，我和太太在熟睡中為天搖地動所驚醒。當年我們分配到一幢兩層樓的大木屋，人在二樓只聞房舍吱吱作響，樓下擺設跌落一地的碎聲，卻不敢起身奔走。上下震動加左右搖擺起碼持續了半分鐘以上才逐漸平息，我們更衣躡手躡足地下樓出門，只見左鄰右舍紛立在外，不知所措。特別的是那時候嘉義竟未停電，冒險回屋去打開電視一看，才知道臺北市東興大廈傾塌，而國際媒體CNN也在不斷播報臺灣發生超大地震的消息。深夜中人人心有餘悸，加上餘震不斷，只好圍坐院中等待黎明。

這次地牛翻身的震央在中部南投縣國姓鄉的九份二山，距離我所棲居的嘉義縣北並不算遠，感受到的威力自是十分驚人。事後回想，木屋雖然搖晃得厲害，相對卻比較安全。相形之下，住磚房便不見得那麼幸運了。果不其

然，三天後的中秋節，生死所師生組隊自願赴雲林縣斗六市救災，在一處名為「中山國寶」的大廈社區內協助官方收拾殘局。我們待了兩整天，所見景象只能用觸目驚心來形容。此一社區原本有十幢樓高十二層的大廈，竟然傾倒了三幢；其中一幢在地面上只剩五層，餘則全部擠壓深陷地下。目睹此景我心想，那七層樓裏的人在睡夢中根本來不及逃走便壓作一團了，連屍首都難以尋得，這種人間慘劇令家屬情何以堪？人家都指責說是建築商偷工減料，但那天市區另一幢傾倒的房屋，正是該公司總部，看來只能以技術欠佳責之了。

又過了十天，待部分道路和橋樑搶通後，我們乃深入受創更嚴重的災區去協助善後，這次抵達的是重災區中寮鄉的民眾居住集中所在。該地有條永平街，長達上百米皆係二層磚造房，地震雖未將之夷為平地，卻都只見上層斷垣，下層已擠壓不存。結果是這條街上罹難了百餘人，難道是來不及逃生嗎？事實卻是大多自送而枉死。原來地方居民多住樓上，初震時尚來得及下樓逃命；問題是半夜三更人們大多疲憊不堪，習慣性地回到樓下休息，原本以為隨時可撤，卻不料在餘震中樓塌而命喪其中。這裏便反映出我日後對學生常提及的機會教育小常識：遇雷不能停留在空曠地，逢震則千萬要逃往室外處。回想地震當時我睡在木屋二樓，雖心有餘悸，仍慶幸躲過一劫，而中寮鄉的居民可就沒這麼幸運了。

在職班的設計（1999-2000）

　　地震前一天，也可以說是當天，我們迎來了第一屆碩士在職專班三十名新生；其中有幾個熟面孔，正是各地學分班修課一年或半年的有志之士。這是一種嶄新的學制，為有志進修的在職社會人士大開方便之門，實施至今已超過十年。從開始的一年七千人算起，全臺至少已培養出十幾萬名碩士。而為了吸收這批既擁有社會經驗又肯向學的特定族群，我們提早一年就為他們開設了推廣教育學分班，我且親自投身其中授課。那一年我剛滿四十五歲，由於不斷跟在職社會人士有所互動，從而影響及我的思路和生涯。之所以有此轉變，是因為我曾經在政大企管所念了三年在職學分班，讓我對一邊工作一邊學習有著感同身受的深刻體認。而我接觸到對生命議題有興趣的專班生，部分已上中年，跟我年齡相近或相彷，乃有更多互通有無的契機。

　　當老師三十載，我教過專科生、大學生和碩士生，偶爾也有博士生來選我的課。我從未教過博士班，雖然任教的銘傳教育所打算申請設立博士班，但是依我的雜家性格及學養，自認不太適合帶領博士生作專門研究。另一方

面，對專科和大學生也僅止於依規定授課而已，談不上進一步互動。至於碩士生在我看來，其實與大五、大六生差不多，鼓勵他們繼續向學甚至考博士班才是最重要的。唯獨碩士專班的一群，花兩三年利用晚間或週末擠出點時間來念書，恐怕是一生中空前絕後的難得且難忘的經驗。正是因為難得，所以格外值得珍惜；就像我讀學分班那三年，跟同學所培養出來的革命伙伴情誼，至今回想起猶歷歷在目，歷久彌新。其他學制多為全時生，當學生乃是本業，可以細細品嘗、慢慢享受；念專班卻是夾縫中求成長，結果實得來不易。

那年頭南華生死所碩專班每屆招收三十名，報名人數卻多達一百八十人，錄取率是六分之一，相當熱門受歡迎。而且讓我驚訝和感動的是，報考者的平均年齡大約在四十歲上下，口試時甚至有人明白表示，正是因為進入中年，開始關注人生何去何從，才決心投考生死所。既然生死所意外地背負起助人了生脫死的責任和功能，我們的課程規劃與教學設計就不能純然紙上談兵，而必須呼應那份看似生死攸關的期待。對此我和老師們想到了個案討論、角色扮演和校外參訪種種多元作法。當時我們開出殯葬相關課程，想安排學生去殯儀館實習；在職生因為有工作在身，不便實施而改為參觀訪問，倒是頭幾屆碩士生真的到高雄市殯儀館實習了兩週。為此館方特地提供館內招待所住宿，同學也領情地就近安頓；跟大批亡者朝夕相處，恐怕是他們此生最刺激的學習經驗了。

心靈間的會客 (2000-01)

　　走過人生最為動盪的一年，不堪回首中有失也有得。這一年間我換了兩回工作，同時搬了兩次家，為的仍是尋夢，或稱安身立命。但即使是顛沛困頓，也有不時的停駐，反身而誠，萬物靜觀皆自得。最大收穫當屬我在報端開闢一個專欄，曰《心靈會客室》，每週一篇哲理散文，連續寫了十個月才暫時歇筆，文章事後則被結集出版。然而此例一開，活水源頭自然來，後來我又寫出三本類似的小品集，使我的身分從不入流的學者，延伸為隨興而發的作者。收錄有五十篇小文章的《心靈會客室》刊行於2001年2月，是我正式出版問世的第一部著作；至2010年8月的九年半之間，我又陸續付梓二十二種書，堪稱寫作高峰期。「我手寫我心」，這一切著述，雖然有專論、教材、說理、傳記、小品等不同面貌，但其中一以貫之的精神，正如首部書主題所揭示的，乃是與讀者從事心靈間的會客。

　　寫小品文對我而言是一種嶄新的嘗試，對此我要感謝至今已有三十多年交情的老友高雷娜女士。二十八至三十一歲那三年間，我在臺視幹雜誌記者、寫蹩腳劇本、

當蒙面小丑，純粹為混口飯吃；而頗有點男性行事風格的雷娜，便是一道相濡以沫的「哥兒們」。她原習社工，出身報社記者，同時為小說作者。我們共同製作過綜藝節目、社教節目、婦女節目，兩個自命文人在商業電視臺的體制中討生活，總覺得無從發揮，終於各奔西東；她返回報界，我重拾學生生活。沒想到十七年後她還記得我這個老同事，邀請我在她主編的報紙婦女版主持專欄，發表些軟性文章。而我自從離開電視臺進入博士班後，就只會寫學術論文；這番能讓我盡情揮灑，不啻為一次心智解放。「心靈會客室」是雷娜取的標題，可說深獲我心，下筆也就信手拈來，終於發現自己是個筆鋒常帶感情的人。

說來慚愧，我的寫作需要有充分動機才會動筆。幹雜誌記者的歲月裏，不到截稿日就寫不出來，非要事到臨頭才一氣呵成，好在品質尚能維持一定水平。小品式的哲理散文寫來不限形式，跟我不拘小節的個性頗能呼應，其實是最適合我書寫的文體，早就該嘗試，卻始終未能起頭。這下意外碰到雷娜引路，讓我有了落筆著墨之處，一週週的功課也就奇妙地如期完成。這些小文章有許多是在嘉義縣市交界的一家麥當勞裏面寫就的。在南華的最後半年，太太每週去嘉義市救國團授課三小時，我照例駕車接送，就此抽空坐進速食店，用大杯冰紅茶稀釋我的心情，將身邊浮光掠影所見所得自然流露。大概是讀者反應不錯，有出版機構主動為我結集發行，後來甚至有讀書會請我去現身說法，彷彿又回到當記者的文化人生活。

殯葬系 的開創（2000-01）

　　2001年初我辭去南華教職，追隨同事王士峰教授到嘉義市的大同商專另起爐灶，為創立殯葬專業科系而打拚。王教授在此前半年接下大同校長一職，力邀我到他旗下附設的進修專校當校務長，同時積極籌設以殯葬管理為主旨的「生命事業管理科」，希望能夠在2002年夏季招生。此一構想其實早於我們在南華時，就已著手推動。當1999年學校改名為大學，王教授和我分別出任管理學院及人文學院院長，我們就商議在管院下新設「生死管理學系」大學部，以期跟文院的「生死學研究所」碩士班相輔相成。雖然校內有人反對將其設在管院，但對學過管理的我而言，總認為設系不在管院而在文院，學生出路恐受影響。就在我離職後不久，該系獲准成立，仍隸屬文院，並於次年改名「生死學系」，形成系所合一。聽說大學部招生曾經一枝獨秀，或拜電影「送行者」之賜，終究令人欣慰。

　　生死系所合一當然有助於資源整合和教研發展，但不見得直接貢獻於臺灣殯葬改革的推行。殯葬改革的核心是落實殯葬管理，其成敗則繫於殯葬專業教育。殯葬是一門傳統行業，人人用得著它，卻又有意無意地對之污名化。

去污名化的具體作法是培養實力、去蕪存菁、汰舊換新，將傳統行業轉型為現代專業，使從業人員的職業意識提昇為事業使命。這並非一蹴可幾的，需要落實完備的教育訓練和設立證照制度，二者且應配套實施。臺灣最早的大專層級殯葬專業教育，始於1998年南華推廣部「殯葬管理研習班」，一共舉辦了四梯次，每梯次培訓三個月，前後為數百名在職業者提供系統課程，這也成為日後設立相關科系的嚆矢。1999年秋天，專業團體「中華生死學會」及「中華殯葬教育學會」相繼在南華同仁的發起下成立，標幟著改革進程又向前邁出一大步。

由於推動設科在當時的條件不成熟，加上大同內部也有些路線之爭，使得王校長萌生退意，連帶影響我的生涯規劃。平心而論，在大同服務這半年，我搬到只有二十六萬人的小城嘉義市居住，生活過得十分悠閒，若非環境使然，根本懶得異動。但現實情況看來是非動不可，這可是半年內一動再動，非得謹慎行事不可。問題是上那兒去投靠呢？我曾想到風和日麗的臺中去找所學校發展，奈何沒有門路。正在猶豫徬徨之際，老東家銘傳竟然主動找上我，問我有無意願重作馮婦。出來待了幾年專門系所，再回頭去教通識，似乎心有未甘。但銘傳當年剛好成立教育研究所，師資尚未齊備，我有教授頭銜和優勢，要我去教「教育哲學」、「生命教育」等課，倒也不妨一試。於是在四十八歲那年，我又回到熟悉的銘傳校園中，展開生涯的新頁。

觀人生

生死學 的盛況 (2001-02)

　　教授至少每週授課八節，銘傳教育所係以教育學程中心的資源為基礎而設置，由於為新設，即使加上在中心授課，也撥不出那麼多時數讓我充分發揮，勢必還是得開一兩門通識課以滿足要求。上通識課在我已駕輕就熟，再說經過幾年專門學術的歷練，重開「生死學」一科，內容保證精彩。我對自己有很大信心，沒想到學生更是熱烈捧場，選課人數居然破百，看來年輕人真的不怕「死」。事實上那一年我的課受歡迎程度還不止這一端呢！2001年秋季，我和成大護理系趙可式教授、臺大護理系胡文郁教授合開的空中大學課程「生死學」，意外成為當學期選修課人數居冠的科目，全國各地共有近四千五百人選課。此種盛況讓我們大吃一驚，更感到責任重大；原來社會上竟有那麼多人需要生命教育，而那一年正好是教育部訂定的「生命教育年」。

　　從其淵源和發展上看，生死學可說完全屬於臺灣在地產物。人稱「生死學之父」的傅偉勳教授，是長期旅美的哲學暨宗教學者。他因罹患癌症而對生死有了切身的深刻體悟，而於六十歲那年在臺灣出版其代表作《死亡的尊

嚴與生命的尊嚴——從臨終精神醫學到現代生死學》。三年後傳教授大去往生，此前不久他將生死學區分為死亡學與生命學兩部分；前者是西方既有的跨領域學科，已存在了近百年；後者歸於中國「心性體認本位」的學問，尚未在當前充分建構。西方的死亡學於二十世紀初期，由一位諾貝爾醫學獎得主所構思，同時創立的還包括老年學，可見它們的科學性質相當濃厚。而由於空中大學將生死學列入護理類課程，我們初次開授此課時，無疑偏重死亡學部分。四年後我負責修訂並擴充課程，始將具有本土意涵的「華人生死學」納入。

由於「生死學」一炮而紅。不久空大便規劃開授相關科目「臨終關懷與實務」。前文曾提及，生死學在死亡這方面涉及的實務活動至少有四種：死亡教育、悲傷輔導、臨終關懷、殯葬管理。我們在學校教的課較偏重死亡議題，可算是西化的死亡教育；至於另外三種實務，在西方社會更是必須考授證照方能執行的專業。面對學校裏的大學生，以及隔空學習的社會人士，我會在講授生老病死的大道理之餘，鼓勵他們考慮朝這些專業去發展生涯，例如當老師、從事輔導諮商工作、學習醫療照護技能，甚至投身殯葬禮儀服務。不久之後新法規〈殯葬管理條例〉出爐，列有「禮儀師」一項專業，在收入相對豐厚的誘因下，不少年輕人竟然表示有心涉足；至少在我授課的班上，總會有幾個大膽的男生女生來探問出路。

教育所的安頓（2001-02）

　　銘傳是一所由商科起家的高校，至今2013年已有
五十六年的歷史。它靠著辦學績效一步一腳印地從專科升
格為學院再改名大學，共花了四十年時間，目前則為擁有
十個學院的綜合大學，學生人數多達一萬八千人。我從
三十五歲拿到博士學位進入這所學校任教，二十五年間離
開過四年，搬到嘉義縣市去逐夢，結果帶著一身疲憊而
返。我追逐的是一份較廣闊的人文之夢，而非學院書齋裏
的哲學之夢；先後在南華學院和大同商專規劃設計生死學
研究所及生命事業管理科，可視為此一逐夢歷程的部分體
現。在我的人文之夢當中，嚮往的是自然主義精神，而非
超自然的宗教信仰。臺灣的生死議論和殯葬活動中，皆沾
染上極濃厚的宗教色彩，實非我所喜，乃敬而遠之。「道
不同不相為謀」，我長期在臺灣推廣非宗教的生死學，殯
葬教育則轉向較少宗教氣息的大陸發展。

　　當初選擇離開銘傳，是因為難以實現「人文化成」
的理想；後來決定回頭，則在於看見一線希望。臺灣的中
小學教師培養過去完全由師大及師院包辦，在教育改革的
呼聲中，1994年〈師範教育法〉改弦更張為〈師資培育

法），讓所有公私立大學都有機會開設教育學程以培育基層教師。銘傳對此從善如流，在我離開的1997年設立教育學程中心，每年招收一百三十五名師資生，生源則來自在校的大學部及研究所績優同學，連博士生都可以申請。在新舊世紀交替的前後，中學教師前景十分看好，來申請甄試以修讀教育學分的年輕人相當踴躍，錄取率大約只有兩成。中等教育學程至少修習二十六學分，加上本行專門課程，學成後實習一年可取得中學教師證書，等於為個人生涯多開一道光明之門，連商管科系的學生都趨之若鶩，因為他們還有機會教高職。

　　為提昇中小學教師的素質和水平，教育部同時鼓勵各校利用教程中心的資源向上設置教育研究所。銘傳對此不落人後，於2001年成立教育所，在屬性上二者實為一體。教育所初設時只招一般生，他們想當老師也得另修教育學分。數年來招收的一般生多半念過考研的補習班，且幾乎都有志於當老師。教未來的老師以及以教育為志業的研究生，可說具有一定的人文理想性，這便是我在過去十餘年間安身立命之所繫。教育所在成立兩年後開設在職專班，這些年來我便藉著「教育哲學」、「生命教育」等教程與研究所專門課程，以及「生死學」大學通識課程，延續了我的學問慧命。時光匆匆，一晃又是十二個年頭，終於走到離退跟前；生涯發展至此告一段落，再來就是生趣閒賞的暮年歲月了。

師資生 的培育 (2002-03)

　　說來慚愧，我自幼便功課欠佳，雖好讀書卻不求甚解，且多喜讀雜書而不愛上正課，是老師眼中的差勁生，自己則打死也不相信會當老師。我年輕時還沒有國中，初中考高中那年同時報名五專，就是不敢考師專。事實上我家住得離師大並不遠，高中考大學卻對之望塵莫及。當時師專和師大都是公費生，大家擠破頭想念，我則連想都沒想過。畢竟望之儼然的老師形象，怎麼說都跟我沾不上邊。十八歲的我，作的是存在主義的春秋大夢，那裏知道後來哲學會念到頂，拿到博士學位而當上老師，更不可能料到四十八歲一躍而為「老師的老師」。全國各校的「教育學程中心」後來統一改稱「師資培育中心」，聽起來便覺得責任重大，幾乎等於從前的師大教授了。過去的我看似不堪造就，現在卻輪到我造就別人。想想自己的生路和心路歷程，不啻為鮮活教材，乃就此把它們寫下來。

　　我教師資生前後七年，後來因生源減少而停止兼課。眼見師資培育由盛而衰，陸續有大學將師培單位關門大吉，便感到不勝欷吁。這實在是非戰之罪，真正原因出在時代社會變遷下的少子化趨勢。自從上世紀末的龍年起，

臺灣出生人口便持續遞減，從每年三十幾萬一路下滑，如今只剩不到二十萬。其所造成的直接結果，包括產科診所生意大幅萎縮、幼兒教育及初等教育陸續受到影響，目前正逐漸衝擊到高等教育。生源減少導致班級裁併，學校的立即反應便是人事凍結，於是形成媒體所渲染的「流浪教師滿街跑」的新聞。社會上有六、七萬領得合格證書的各級教師待業無門，立刻反映在我們的師資生及一般碩士生招收中。曾幾何時，這兩種班次都面臨不足額錄取或報到的窘境。

　　但即使是好景不常，我所教過的師資生仍不愧是銘傳最優秀的一群。在錄取率只有兩成的鼎盛時期，要班上成績在前百分之五的同學，才有機會參加甄試，因此收進來的學生皆屬各班之冠。教育學程類似輔系，雖然有點像在培養第二專長，但這群傑出青年一旦投身其中，多花一兩年修足學分再加上實習，幾乎人人都嚮往以教師為主業，且志在必得。舊制一年期的實習教師，每月尚有八千元津貼可領。身為實習指導教師，我在這一年間，至少必須針對所分配到責任區域內的實習教師，上下學期各造訪一回他們的實習學校，一是禮貌性拜會校長及主管，另一則是參與其教學演示以驗收成果。印象裏去到最遠的為西螺高中，最近係由家中步行可至的復興美工；無論遠近，我的到訪總是受到熱情接待，令我深感不虛此行。

教科書的寫作 (2002-03)

　　伴隨著空大「生死學」開課的成功，我對撰寫教科書也有了初步的嘗試與體認。空大慣例是請主講老師自行撰寫教材，交由學校出版發行，肥水不落外人田。這套作法無可厚非，但空大畢竟是公家機構，自己出書倒也罷了，進入市場搞發行卻絕非其在行。因為行銷通路不暢，除了開課當學期必須在特定據點才買得到書外，此後便完全沒有下文；連我自己寫的書，事後有錢也購不著。看看英國的開放大學出版社，不但年年推出好書，且行銷至全球各地；相形之下，我們的空中大學的確該加把勁。正是因為空大生死學放在護理類課程而走紅，不久後一家專門出版護理書籍的華杏公司找上我，要我寫一本《醫護生死學》教科書。這是我獨力撰述之始，自2003年寒假開始動筆，百日內完成十六萬字的專著。其進行之順利超出想像，SARS流行讓人深居簡出，大概也是原因之一。

　　這本教科書在當年暑假趕印上市，作為醫護專校的新興教材；兩年後耕莘護專請我去兼課，我就將此書傳授給上百名青春洋溢的女娃兒。寫教科書比寫學術論文輕鬆愉快，我一回生二回熟，從此以後又陸續寫出九種，涵蓋

的範圍包括醫學倫理學、教育哲學、教育學、生命教育、殯葬學、殯葬倫理學等，由此可見我所關注的學問方向。我的本行專攻為科學哲學，碩士、博士與教授升等論文皆不脫此範疇。二十五歲開始為碩士學位作研究，三十五歲拿博士，四十五歲那年得知升上教授，這一切都屬於知識的積累，而且是高度西化的科學性知識。此後我的心智活動逐漸做了一百八十度的大轉向，從知識探討走向情意體驗；書寫時雖然包裝起學術的外貌，彷彿「述而不作」，其實內裏卻是高度「文以載道」的主觀評價。

我偶爾會跟別人開玩笑稱，升上教授最大好處是可以放言批評同行，而不必擔心被人斷了後路。學術界流行所謂「同儕審查」，它乃是專業化的產物，好處說不上來，壞處卻為「同行是冤家」下的「文人相輕」。尤其是升等生殺大權操於他人之手，在尚未登峰造極之前，只好少說兩句，以免得罪人而誤了前途。我自認原本即非學術中人，又不在純研究型大學任教，大可不必追隨主流價值起舞。與其同別人唱和，不如任自己發揮；寫教科書對我而言就是走自己的路，以情意為主調，海闊天空地書寫，自由自在地揮灑。我稱這種作法為「性靈書寫」，特地在每一章之後開闢個「情意教育專欄」，名之為〈心靈會客室〉，如此便聯繫上過去在報端寫專欄的傳統與精神。如今這些教材內的專欄文章，已結集成一冊題為《觀生死——自我生命教育》的小書刊行於世。

意識積澱：50－55歲

麻辣燙 的講學（2003-04）

　　2004年初，我結集出版了兩本生命教育論文集，皆納入一篇引言〈五十自述——我的哲學生活故事（1973－2003）〉，這原本是一篇回應文章的大半。〈我的哲學生活故事：主體性的反思與建構〉，刊登於《應用心理研究》2003年春季號，乃針對前期由老同學翁開誠教授所撰〈覺解我的治療理論與實踐：通過故事來成人之美〉一文而發。翁文指出，近年流行的「敘事」、「敘說」或「敘述」等學術研究方向，其形式重在「說故事」。這對我這個追隨老式學究的人來說，可真是一個大發現和新方向。平心而論，這種具有後現代旨趣的質性研究方向，早在十年前涉足女性主義時即不斷眼見耳聞，卻只把它當作一種研究方法來後設地討論，從未想到實際去操作一番。其實寫〈心靈會客室〉就是在說故事，但我從未將之視為學術研究。

　　小時候喜歡聽大人說故事，而且總愛問「後來呢」、「結果呢」。這裏面包含著一種時空意識，也就是說，故事必然有其發生的時空背景。每個人都有自己的生存、生活與生命故事，我是個大學教師，生涯長期包裹著哲學的

名分；而當長期見外於哲學專門團體後，我遂不再自視為哲學人。〈我的哲學生活故事〉從二十歲進哲學系寫到五十歲，主要想表達的是如何自我邊緣化到開創一系列邊緣學科，例如生死學、殯葬學等。然而我的人生真正面臨大轉變，其實就在五十歲半百前後。2003年暑假末我去成都四川大學講學三週半，感觸良多；回來次日動筆寫《教育哲學》一書，歷經整整半年而完成，剛好碰上總統大選落幕。這半年間我的心情跌宕起伏，難以自已，俱化入文章寫進書內。貫穿其中的，就是民族文化意識的流轉與覺醒。

我從小被教導自己是個中國人，雖然住在臺灣，但是舉目所見，盡是中國時報、中國電視、中國石油、中華電信、中華郵政、中華航空等等文字及符號；然而頭一回踏上真正的中國領土，卻是三十九歲那年的事。十餘年間我多次來往兩岸，旅遊或參訪成分居多，蜻蜓點水浮光掠影而已。這次則不同，在同一城市待上近月，度過內地的教師節以及中秋節，成天與川味麻辣燙相伴，加深不少觀察印象。譬如說跟一班四十多人的大學生上課，閒聊之下竟發現在座全是獨生子女，無一有兄弟姊妹；這群「計劃生育」的孩子，在「五倫」少一倫的情況下，該接受何種生命教育？近距離地接觸中國社會，過著中國人民的日常生活，以之與臺灣的生活及意識型態加以比較，讓我更清楚地認識到自己的角色與身分。

爭議性的選舉（2003-04）

　　正如教育學者但昭偉所言，我們是生活於中華文化氛圍下「在臺灣的中國人」。「中國人」之說一度有很大爭議，且延續了至少十二年，從李登輝二度連任起，至阿扁任滿下臺止。過去無論是民國或人民共和國，都認為自己代表中國；可是後來前後兩位中華民國總統，都主張我們應該是臺灣國。這種國家認同危機的出現，在我看來直接衝擊到生命教育的實踐。生命教育教大家要珍惜愛護生命，政治操弄卻幾乎引起兩岸兵戎相見，無異戕喪生命。當然兩岸分治超過半個世紀，各種政治訴求此起彼落實無可厚非，「主體性」議論甚囂塵上也可以理解；然而一旦要求區分彼此、劃清界線，需要面對的便是革命。毛澤東強調革命「不是請客吃飯」，孫中山更明白指出革命乃是「非常地破壞」。歷史證明，這種破壞包括千萬人頭落地，光是這點就有違生命教育初衷。

　　當然獨立建國的意義崇高，爭取自由的戰爭亦可歌可泣；美國獨立戰爭締造今日強國，巴勒斯坦則仍在硝煙中掙扎。不過臺灣的情形沒有前例可循，只能靠今人智慧尋求最佳解套之道。歷史上改朝換代內戰過後，並非沒有

出現過偏安的小王朝，北元與南明即屬之；而與宋代並存的遼及西夏，皆有兩百年上下的歷史，金朝則傳衍一百多年。而中華民國在臺灣，安定中求進步至今超過一甲子，已開創出前所未有難得的民主局面。正是基於民主的前提，我們可以跟大陸進行有利且有力的政治協商，而不必訴諸軍事武力。民主政治的真諦講究於國計民生的安內，但是2004年總統大選訴諸的卻是族群撕裂，再加上「兩顆子彈」的暴力事件。選戰從半年前就已開打，我在寫書的過程中，不斷面對媒體覆天蓋地的報導，當國家認同不時成為焦點時，我的反思亦隨之深化。

　　當時我寫的是教育哲學教科書，為的是自己教學需要。由於該科多半只在師範及師培系所講授，相關著作幾乎都出自教育學者之手，其中教育成分必然大於哲學。但既然是交叉的科際學科，我一方面認為各家著述的哲學味不足，一方面也想自己來嘗嘗鮮，看看本身有多少能耐。寫教科書不能天馬行空，得有參考架構；我乃借用美國女性主義教育學者諾丁同名著作的架構，分為哲學史及哲學概論兩部分來撰述。原本打算述而不作，但是寫作前後看見大陸像三十年前的臺灣起飛，一切拼經濟；臺灣卻像三十年前的大陸文革，一切拼政治，乃於結尾部分信手拈來，稍作發揮了。我嘗試在教育哲學論述中，彰顯「華人生命教育」的理念與理想，算是初次提出自己的見解與看法，雖然不算成熟，卻成為日後系列書寫的張本。

著述期的高峰 (2004-05)

　　選舉像鐘擺，自從2004年以後幾乎年年有得選，兩大黨加三小黨的生滅消長、成住壞空，也隨之擺盪。從九年後的今天回顧，還真是有幾分規律。眼前兩岸三通已完全實現，彼此來往也頻繁如常。更要緊的是，大陸成長態勢一路上揚，至少都市人的生活已趨於同質；作為國際都會，無論臺北、香港、上海、北京，都不過是飛機航程的一站罷了。當今的我已在對岸置產，遊走其間如同家常便飯；但是2004年情勢緊繃時，我心頭所澎湃的卻是文化情懷與民族意識。這些民族文化的意識流轉，不時融入字裏行間；半年內連續有三本著作出版，所採用的副題皆標榜「華人應用哲學取向」。我是國家的邊緣人，所以凸顯「華人」；又是哲學的邊緣人，因此強調「應用」。妙的是前些年有某哲學系指名徵求「應用」的老師，我一時興起投帖應徵，結果又被「哲學」給搓掉，只能付諸一笑。

　　三本標幟「華人應用哲學取向」的著作，分別為《醫學倫理學》、《教育哲學》、《生命教育概論》；同一時期陸續寫就的書，還包括篇幅加倍的空大《生死學（二版）》、《教育學是什麼》、《殯葬學概論》等書，亦維繫

一貫的本土化風格。那年頭在臺灣「本土」論述響徹雲霄，但是在我看來，這些充其量只算得上是局部性的「在地」論述。真正的「本土化」，實為文化意義下的「中國化」。過去為「社會科學中國化」立下大功的社會學者葉啟政，很明確地點出，與一度稱作「中國化」的「本土化」相對者，乃是「外來化—西化—現代化—全球化」。由此可見，「本土化」係針對外來的文化侵略，而非用以處理內部的政治紛爭。其實「在地化」也只適用於彰顯地方文化特色，而非拿來作為畫地自限之用。在我看來，醫護、教育、殯葬等專業活動，均有其在地特色，值得努力發揚光大。

　　我是個嚮往自然的人文學者，對人文化成的民族文化認同，較之國家認同感來得強烈得多。我同時是地理上的臺灣人和文化上的中國人，二者無需混淆，更不必替換。尤有甚者，在「全球化」的正負兩面影響下，正面的是快速遊走可以打破地理空間限制，住在那兒都一樣；負面的則是面對西方文化霸權宰制，更應堅持樹立本土文化旗幟。作家龍應台即指出，我們始終有西方化問題，洋人卻無所謂東方化。近年中國和平崛起，到全球各地去開設「孔子學院」傳授漢語，蔚為流行，不能不說是風水輪流轉。我的學思歷程從科學哲學走向應用倫理學再到生命教育，所呈現的正是從西化中自覺揚棄而轉向本土的成長發展。用一句話來形容，那便是「覺今是而昨非」，最為明顯的翻轉即為過去只讀期刊洋書，如今則多涉中文著作，這又是從認知走向情意的不同路數。

孔夫子 的故鄉 (2004-05)

　　我的中國情結在涉足黃河、踏進孔府、登上泰山後，再度開始發酵。2005年我二度申請陸委會的補助，於夏末前往山東大學醫學院參訪講學三週。大陸高校比臺灣早開學半個多月，我便利用這個空檔去尋求交流機會。此前山大醫學院副院長陳曉陽教授來臺灣開會而結緣，他同時也是該院醫學倫理學研究所所長，出具函件邀我講學輕而易舉，我就這麼順利踏上孔子的故鄉。一下飛機有人見我即稱老師，讓我嚇了一跳，後來才明白山東省會濟南市有個優良傳統，看見任何白領人士皆稱老師以示尊重。不久我上郵局、逛書店、搭出租車，更發現此事一點也不假。儒家的至聖和亞聖孔、孟二人皆籍山東，儒者尚禮，到了山東還真是禮多人不怪。如果全中國各地開車的師傅能夠互相禮讓，不亂按喇叭，那就不愧為禮教之邦了。

　　「醫學倫理」顧名思義是醫學和人文的交叉學科，山大醫學院更進一步設置「人文醫學研究中心」，以示對醫護活動中人文關懷的重視。我曾寫過醫學倫理及護理哲學方面的書，到醫學院校去互通有無十分受用；名為講學，其實我在那兒學習到的更多。2009年深秋，中國生命倫理

學會的年會在山大召開，我二度光臨泉城，跟老友把酒言歡。他們為表示對來自臺灣的朋友大駕光臨，主動點唱「高山青」，我立即回敬一首「東方紅」，讓大家相當吃驚。事實是前此兩個月我住在北京火車站附近，車站每個整點要敲鐘報時前，都會先來上一段「東方紅」曲調，聽著聽著就會哼唱了。直航開通後，臺灣正大力招徠大陸旅遊團和觀光客，我順便建議酒肆歌廊不妨多準備一些內地歌曲，讓來客可以藉著鄉音跟臺灣朋友搏感情。

山大的老師十分好客，有天帶我去濟南動物園看貓熊，再往附近黃河沿岸賞景。涉足黃河水那一刻我很興奮，因為地理和歷史一起從我腳下流過。這種興奮一直延續到走訪曲阜「三孔」：孔廟、孔府、孔林，以及登泰山而小天下之際。印象深刻的是孔林，此乃孔子家族墓園，夫子墓前有座小屋，據說是子貢為老師守墓的居所。古代人們為父母守喪期是三年，子貢對老師的敬意卻長達六年；我也身為老師，二十多年經歷不少師生一場，又有誰記得我呢？好在這種慨嘆在登上泰山頂端時便一掃而空，只是從前人們得沿階一步一腳印花費六小時以登峰造極，如今則有纜車索道在半小時內將遊客送上天際。一切來得太輕鬆太容易反而不真實，但我還是選擇同樣搭纜車下行。因為下山比上山還吃力，有回去成都登青城山嘗過一次苦頭，餘悸猶存。

殯葬業的教化 (2005-06)

　　我搞生死學是個偶然，說來還是要感謝傅偉勳和龔鵬程兩位教授的提攜。傅老的生死學大作在當年是暢銷書，我在銘傳時拿來作為教材教通識課也就罷了，沒想到後來有機會到南華去辦生死所。十幾年一晃過去，生死學已被放在更大範圍的生命教育中加以推廣傳播；而生命教育包羅萬象，在我看來最大作用即為「各自表述，各取所需」。我自己就曾經嘗試建構兩套生死學論述，一前一後，一西一中，它們被合併刊行於空中大學教科書《生死學（二版）》內，分別題為〈死亡學概論〉及〈華人生死學〉。在這兩篇裏我都論及殯葬議題，適巧臺灣在推行殯葬改革下的證照制度，需要有配套的教材編撰和教育訓練，遂牽引我步入殯葬學理建構與教育實踐的途徑。其具體成果是我寫出華人世界第一本《殯葬學概論》，並在空大創立頭一所「生命事業管理科」。

　　「生命事業管理科」隸屬於空中專科學校系統，由空大生活科學系主導開課，分為「家庭慶典規劃」與「殯葬管理」兩組，後者的課程架構完全出自我手。2005年春季，內政部民政司決議通過我草擬的一份〈殯葬專業課程設計架

構芻議〉，將殯葬學理化正式提上檯面。我對新興的「殯葬學」，列出殯葬衛生學、殯葬管理學、殯葬文化學三門二級學科，再細分為公共衛生、衛生保健、心理衛生；行政管理、企業管理、資源管理；歷史文化、思想文化、禮俗文化等九支三級學科。據此我在三年內陸續寫成並出版四本教材：《殯葬學概論》、《殯葬生命教育》、《殯葬與生死》、《殯葬倫理學》，它們剛好趕上2008年底啟動的勞委會「喪禮服務技術士」丙級技能檢定授證。這是臺灣首次由官方頒授的專業證書，意義非比尋常；我躬逢其盛，一度參與其間，成為六人推動小組的一員，亦與有榮焉。

　　我經常對人表示，生死學是「虛」的，它主要涉及個人的生死觀，愛怎麼講就怎麼講；殯葬學卻是「實」的，它關係到一門行業，必須實事求是與時俱進。殯葬專業化的理想職稱是「禮儀師」，此由現行法規〈殯葬管理條例〉訂定，設計之初的參考對象為「社會工作師」。殯葬工作至少包括入殮、出殯、安葬三階段的服務，禮儀師需要對此全盤瞭解，實際執行時則可側重某一階段。像曾經爆紅的得獎日本電影「送行者──禮儀師的樂章」，大陸譯為「入殮師」，或許更準確地描繪出主角的工作性質。目前呼之欲出的「禮儀師證書」，不久將由內政部檢覈頒授，要求條件包含二十專業學分、乙級技能檢定、兩年工作經驗等三項；其中二十專業學分的授課內容，即參考我所規劃的那一套課程架構。我為臺灣殯葬改革及專業化做出一點微薄的初步貢獻，剩下就靠產官學各界共襄盛舉了。

神州行的逐夢 (2005-06)

　　著作問世受到重視，就有機會受邀演講及參加研討會；範圍不限於寶島臺灣，更及於神州大陸。2005年初，中華生死學會跟江西南昌大學道德與人生研究所，合辦了一場兩岸生死哲學研討會，開啟了日後我參與連串的同類型活動。2005年10月在長沙出席民政職業技術學院殯儀系系慶研討會、2006年4月至昆明於中國殯葬協會的年會上發言、7月到蘇州對四百多名中小學教師講生命教育、8月與鄭曉江教授等人為天津永安集團創設「永安生命教育與殯葬文化研究所」；後者連續兩年舉辦盛大的研討會，論文更結集在內地出版。五十二歲這一年間，我進出大陸五回，大江南北東奔西跑，堪稱人生難得的壯遊。2006年我到北京四趟，太太亦隨行；她見老同學在當地投資置產，一時手癢竟然也下單購屋，我只好趕緊拿臺北的房子貸款將錢匯過去，如此這般意外地成為北京市民。

　　我出身於外省家庭，雖然五十一歲時才頭一回踏上籍貫故鄉江西省九江市的土地，但或許是受到家人影響，總有種無根的感覺。由於大哥早年由留學而學留，成為美國公民，於是一家人陸續移居過去，連我也不例外。我在美

國待的時間不長，總共只有一年半載。畢竟到了而立之年還要當假洋鬼子頗為無趣，加上我的人文背景就業不易，美國夢不久便放棄。其後二十年我在臺灣成家立業，偶爾跑跑大陸，不外旅遊性質。直到年過半百開始頻繁進出內地，跟同行學者專家通氣掛勾，竟然又勾起我對安身立命的嚮往。尤其又意外買了一套房產，既不必住旅店，更有回家的感覺，我還一度真想到早些退休後跨海去闖蕩。這種不可救藥的浪漫理想，直到近期才如夢初醒，可以較為理性地去看待有生之年了。

不可否認的，臺灣有長達十多年時間，瀰漫在一股族群對立的氛圍中；此起彼落的選舉，則強化了對立雙方的激情。我很清楚自己的政治立場，也曾在某些選前造勢晚會上身歷其境，感受那股狂熱。但是不久便對政治趨於疏離，較而追求文化的認同。身為人文學者，卻由於長期浸淫在西方學術知識中，對中華本土文化相對陌生，直到五十開外才發心補課。大陸的風土人情是這套文化系統的符號代表，原本較為封閉的社會，還能讓人尋得幾分傳統面貌；無奈進入新世紀後快速與西方接軌，至少在外觀上已逐漸跟洋邦一致了。尤其是高校體制和學術活動，在留洋的「海歸派」影響下，更是越來越向美式大學看齊靠攏。以臺灣私校土博士身分到對岸去交流，在看重背景出身的內地，彷彿越發不受重視，我的中國夢亦隨之逐漸淡去。

外島班 的授課 (2006-07)

　　盛極而衰之下，發現了求人不如求己的重要，我就開始把眼光收回，放在自己的立足點上從長計議。當時覺得在可見的將來，我勢必還是站在臺灣、以銘傳學者的身分發聲，這就不能不弄清楚自己所擁有的資源為何？能夠藉此開創出何種局面？這正是以前管理學教的「策略規劃」，要追求的自當為「永續發展」。大陸將「策略」翻譯成「戰略」、「永續」則譯作「可持續」；前者多了幾分張力，後者則更貼近實際。從一開始到現在我都在銘傳教育所開授「教育哲學」與「生命教育」兩科，對此我各寫了一本教科書，並嘗試將二者的宗旨和精神合而為一；亦即發揚生命化的教育哲學，以及推動哲理化的生命教育。而我能夠影響的，則為每屆十三名碩士生，加上三十名專班生。2006年秋季起，為提供外島教學服務，我們在馬祖開設第二個專班，招收二十名在職教師。

　　馬祖列島在閩江口外，隸屬於福建省連江縣；妙的是若依照大陸行政區域劃分，省下為市，縣則在市下，連江縣竟屬於福州市。馬祖列島以南竿、北竿為主，莒光、東引為輔；南北竿各有一機場，教師輪流飛往南竿，在一國

中內授課，學生則來自各島嶼。由於生源有限，這項服務只提供兩屆三年；在這三年內，我共來回兩岸十五趟，其中一趟返程乘船。乘船和搭飛機乃是天壤之別的兩碼事，我遇過最順風的飛行時間是三十一分鐘，乘船則整整耗去八小時。其實乘船多因天候不佳飛機停航，費時倒在其次，若再碰上海象不佳就慘了。我回來那次正是如此，當天為颱風來襲前夕，海面上颳起七級強風，五千噸客船乘風破浪；我睡在上鋪，感覺上下起伏，聲聞如擊鼓般，一路顛行至基隆，驚險結束跨過黑水溝的奇特經驗。

　　每次赴連江班上課，彷彿出一趟任務，又好像做一回旅遊。由於情況特別，必須採用密集授課，從週五晚間排到週日下午；以三小時為一時段，每週派兩名老師飛過去，一人上三時段。如此安排對授課教師而言尚挺得過去，對同樣身為老師的在職生來說恐怕苦不堪言；畢竟他們每天教學負擔已經很沉重，週末假日再放下手邊一切來進修十八堂課，最終還得寫出一本學位論文，其辛苦可想而知。不過話說回來，辛苦也確實是值得的，這可以從兩屆同學不辭辛勞飛來臺灣，參加計畫書及期末口試，以及攜家帶眷歡慶自己畢業典禮的喜悅中充分感受到。我曾指導一名課輔老師作研究、寫論文，春節時一把怪火把她家燒得精光，存放於電腦的論文檔和參考用的書籍全部付之一炬，她卻能在五個月後準時完稿畢業，大概是她所研究的莊子暗中拉了她一把吧！

人生觀的鋪陳 (2006-07)

　　寫論文不似寫文章，必須引經據典，不能自說自話，寫教科書也差不多。這些年來我指導學生寫學位論文，以及自己寫研討會論文及教科書，依然隨著學界的遊戲規則起舞。唯一發表題外話的機會，是在教科書各章末尾進行性靈書寫，用短短九百字揮灑一篇哲理小品。沒想到四年下來居然湊出百篇以上，又可以出本小書了。2006年底三民書局找我簽約，為其通俗心理叢書撰稿，我很高興機會降臨，遂利用春節寒假十六天一氣呵成十萬字，完全夫子自道。書稿交出後不久即被退回，要求大改，因為我把它寫成哲學著作了。我當過編輯，卻很不喜歡改動自己的文章；心想既然不符所需，乾脆自己留著，另寫一本交差了事。新書《從常識到智慧——生活8×5》拖到2009年初才問世，倒是人家不要的這本，我把它跟百篇小品配成套書，各以《觀生死》、《觀生活》為名，在2007年底一道由揚智公司付梓，副題皆為「自我生命教育」。

　　在極短時間內寫就的《觀生活》，可視為我的第一本人生哲學著述；我借用大陸的說法，稱之為「人學」。該書以〈我手寫我心〉作導言開端，先確認自己的發言位置

及寫作立場，接下去便次第鋪陳〈人學觀〉、〈人學的應用〉、〈生活的開展〉、〈生活的本質〉，最後以〈生活觀〉收尾，標幟出存在主義、現世主義、後科學人文自然主義、後現代儒道家、知識分子生活家等五大人生取向和意境。這些正是我四十餘載反思人生意義與價值的明白陳述，它們都具有實踐性質，不止紙上談兵而已。我一向強調「人既然無逃於天地之間，就該學會如何頂天立地」；天地代表宇宙時空所組成的外在環境，而人則是由身體所承載的心性靈明。自從在《生死學（二版）》中拈出「生物—心理—社會—倫理—靈性一體五面向人學模式」以來，我就是從這五方面來看待人的。

　　《觀生活》一書是事先架構好的計劃書寫，內容帶有哲理，表現形式卻採用我喜歡的性靈小品，共計百篇。無獨有偶地，手邊還集存有上百篇〈心靈會客室〉小品文章，乃將之整理歸類，分為〈生老病死〉、〈生住異滅〉、〈生生不息〉、〈反身而誠〉四輯，每輯容納二十五篇。文集取名為《觀生死》，剛好跟《觀生活》相互呼應。出版社也很善體人意，將兩本書的封面做了對應的唯美處理，有花朵有山水，就像抒情散文般端了出來。問市六年來，市場反應如何我不清楚，倒是我自己選購拿給學生當教材，並期待他們也能夠學著反身而誠，從事性靈書寫。結果看來不差，不少大學生有樣學樣，讓自己年輕的生命躍然紙上，令我讀來十分感動。我希望看見的正是如此這般的「自我生命教育」，用「敘事」或「說故事」的方式來照見自己。

衝評鑑的公差 (2007-08)

　　2007年9月初，我照例去馬祖上課，卻在松山機場登機前接到老闆電話，要我出任社會科學院院長，一時只好含糊以對。我是人文學者，在南華曾任人文學院院長，此前此後還做過校務長、教務長、主任秘書、所長、系主任等各種職務；政績談不上，但經驗還算豐富，理當從善如流。但這回我有些猶豫，一是難捨閒雲野鶴的陽春教授生活，次則惶恐專長不合，難以領導群倫。就知識分工來看，雖然經常看見「人文社會科學」連用複合詞，但社會科學跟人文基本上還是兩回事。尤其在臺灣，咱們的社會科學一向追隨美國體制和傳統，走在量化的實證科學道路上，同思辨或創作性的人文學術大異其趣。我雖然念過企業管理研究所，對社會科學的操作過程略知一二，但從未作過科學研究；就學術主管而言，不啻外行領導內行。無奈三天後從馬祖歸來，見派令已經公布，只好打鴨子上架。

　　銘傳社科院是個小學院，三系二所的師生總共六百人，相較於擁有六千人的管理學院，只能自我調侃「小而美」。它所在的位置屬於學校最邊緣的地區，是一處相對

獨立空間，距離主校區需步行八分鐘以上，其間是毫無遮風避雨的彎曲山道。學生每日來回穿梭，經常怨聲載道。我上任第一件事就是建議鋪設風雨走廊，後來木道走廊完成了三分之二，上面卻無任何遮蓋，理由是法令限制，蓋上去需大費周章。此事到我兩年後下臺仍一籌莫展，且由於木道少鋪一段，學生仍習慣與車爭道，十分危險。我無意指責任何人，只是想表示幹行政沒有想像中的輕鬆愉快。然而另一件大事，才真的是讓全校上下繃緊神經全面備戰的活動，那便是「高教系所評鑑」。此事內地也開始流行，稱為「高校評估」，都是從美國搬過來的一套評量機制。

我當院長的最重要任務，正是積極協調，以期有助於各系所順利通過評鑑。因為評鑑以系所歸屬的學門為單位，銘傳有些學院內的系所同質性甚高，學院可以產生較大領導作用。社科院名下的系所屬性卻相當異質，沒有切入點可以一體領導，只能做些後勤支援的工作。我從上任到評鑑結束共歷時十四個月，參與無數次大會小會，自認無甚疏漏。評鑑告一段落至結果出爐，又挨著等了七個月，終於在2009年6月修成正果，銘傳成為此臺灣通過率排名第一的大學，只有一個博士班列入待觀察名單，其餘系所全部過關，皆大歡喜。我自認這兩年間擔任的主要角色，即是為應付評鑑所扮演的公差；一旦順利過關，我就應該功成身退。正好在此際我得到休假研究一年的機會，乃揮揮衣袖，不帶走一片雲彩，起身去大陸遊學了。

觀人生

病房中的死亡 (2007-08)

　　我自從1995年四十二歲時開始講授生死學，卻直到十二年後才真正目睹死亡，給自己上了鮮活的一課。2007年11月，近八十一歲的繼父因肺癌病逝於北醫醫院，那晚只有我和太太隨侍在側為他送終。死亡的降臨係寫在儀表板和示波器上，當醫師撕下最後一段心電圖，儀式般地宣讀壽終訊息，我彷彿經歷了一場生命的洗禮，為我的生死學及生命教育埋下一座里程碑。我的繼父小母親十歲，兩人因愛好京劇而相識，結縭四十六年，未有生育，我是他們最近的親人。老先生行伍出身，不菸不酒，起居作息規律，七十八歲時罹患惡疾，讓大家都感意外。當時切除一片肺葉，醫師說兩年和五年是兩道關卡，他終於沒能全身而退，在手術兩年七個多月以後辭世。令人稍感欣慰的是，他因作化療而漸感不支，入院三週便得以解脫，比起長期臥病痛不欲生的情況又好些。

　　癌症來自細胞突變，形成惡性腫瘤，破壞組織器官功能而致命，好發於中老年時期。古時傳染病多，加上天災人禍，大多享年不長，難見絕症發威。今人平均餘命已達七、八十歲，遺傳病變的風險自然增高，四分之一的罹病

率讓人聞癌色變。臨終關懷有很大一部分在談安寧與緩和療護，主要就是針對癌末病患而發。這是一種人道措施，可惜醫界並未全面支持。猶記繼父在手術後兩年的定期追蹤檢驗中，發現癌細胞已經擴散；為他長期治療的外科醫師，婉轉溫和地勸他進行緩和性的「養生療法」。不料轉到內科醫師手上診治，二話不說立刻展開侵入性的化學療法，結果還是無濟於事。我常想當時若是趁有用之身，像電影「一路玩到掛」那般盡情去遊山玩水，同時妥當安排交代後事，等健康情況真正惡化時，再住進安寧病房，無痛無憾地離開人間，會不會是更恰當的選擇？

當然每個人在面對自己生死抉擇之際，大多不會放棄任何一線希望，化療及放療或許就是希望之所繫。繼父默默地承受了希望的幻滅，經過一週的沉睡，他安靜地走了，但是我知道他還有暢遊名山大川的心願未了。然而退一步想，人生不如意者，即使沒有十之八九，也有十之四五或五六；繼父年過八十，雖非壽終正寢，卻沒受太多罪。他生前曾交代捐贈遺體，我在第二天便完成手續，送到所在醫院旁邊的醫學院安置。在經過一年多的防腐處理後，他老人家正式成為北醫大牙醫系二年級二十五名學生的大體老師。在頭一週上課時，學校還慎重安排家屬去跟學生交流，我趁機分享了自己的生死學見解。不過我在最後強調，言詮固然重要，體會更有必要；繼父以他的身軀大體，為醫學生呈現出生老病死的諸多形貌，不也正是一種不朽嗎？

意識昇華：55-60歲

高齡化的照顧（2008-09）

　　繼父的死為我帶來一番心靈洗鍊，也部分改變了我的生活型態，從此我開始撫養老母，直到十六個月後她以九二高齡辭世。人生不脫生老病死，生死學不只要講生死兩端而已，更多的應該是對老齡與患病的關注。我不曾生養子女，未嘗生之喜悅；為繼父和母親送終，則體認到死亡之種種。至於照顧老病纏身高齡母親這件事，更讓我深刻地看見自己的將來。我不知道可以活多久，但是年過五十五以後，衰老與疾病的陰影便不斷襲來，此起彼落，擾人不已。在過去五年間，陸續出現在我身上的毛病，說得出來的便有胃食道逆流、甲狀舌骨囊腫、坐骨神經痛、前期糖尿病等等，這還不包括已有近十年病史的高血壓，以及睡眠品質逐漸變差的問題。健康情況會影響一個人的心情意識，如今「生命的學問」之於我，首先要考慮的即是養生之道。

　　老母是個樂天知命的人，一生命好福大，她搬來附近讓我就近照顧一年多，結果在睡夢中壽終內寢。這段時間裏，頭幾個月她還可以居家自理，後來逐漸行動不便，乃請外傭全程服侍，死而後已。我們居住相距三百米，附

近有一座大公園，我有空便陪她乘輪椅逛公園，幾成例行公事。她的去世我沒有太多悲傷，畢竟是平安走到盡頭；倒是失落感相當強烈，且持續了很長一段時間。記得我教生死學時，會講到悲傷輔導這一章，總是照本宣科地念著：「悲傷情緒起源於失落感受，失落感受則來自於依附關係」，卻全然沒有相應的體認和把握。直到母親去世以後，書本學問在生活裏兌現，我才如夢初醒，恍然大悟，原來生死學和生命教育真的是情意體驗工夫。那一陣子我跟學生做了比較多且深入的分享，也激起不少迴響，稱得上是教學相長。

說來也難能可貴，繼父和母親都是極為豁達灑脫的人；老父捐贈大體後交付樹葬，入土為安；老母則交代將骨灰灑向大海，縱浪大化。身為殯葬改革的推行者，我對二老心存感激，他們為我帶來了最佳示範，更讓我決心起而效尤。再說他們不只為我提供了生死學的活教材，還是殯葬學的好示範。我跟殯葬業者接觸十二年，卻頭一回使用到他們的服務。由於我對治喪之事非常低調，為別人也為自己帶來方便。繼父後事由北醫大委託業者代勞，我僅領出骨灰植存；老母後事則找一名學生辦理參加聯合奠祭和海葬之事，同樣簡單俐落。唯一額外服務是學生熱心提供的尊體SPA，亦即為遺體淨身美容，家屬可在場靜觀致意。這項服務由兩位年輕小姐擔任，她們細心專注的敬業精神，無疑可以媲美電影「送行者」，令我心存感激。

少子女 的自處（2008-09）

想當年我在生死所任教時，曾戲撰一聯以描繪生死學，聯曰：「醉生夢死到頭來依舊養生送死／貪生怕死還不如就此出生入死」，橫幅則為「了生脫死」。我的意思是，一個人縱使渾渾噩噩地活著，終究還是得照顧父母並為其為終；而再怎麼怕死依然得面對，還不如理性且豁達地善用有生之年。我作為生死學與生命教育的推動者，自覺能力比較強烈，比渾噩清明許多，但養生送死之事卻是到中年以後才真正經歷到，而且在一兩年之內又歸於尋常。那我的後事呢？誰又來給我送終呢？三十二歲結婚那年，就跟太太有志一同，決定不生養子女，如今二十八年過去了，我們雖然一路走來始終如一，但仍然必須把事情想清楚，但求「無後顧之憂」。此乃我所提倡的殯葬核心價值，如今卻也是我自己所關心的事。

年少夫妻老來伴，即使有子女也不見得靠得住。我之所以不想生兒育女，自有其「存在的」理由，可視為年輕時追求存在主義思想的體現與貫徹。胡適有首新詩〈我的兒子〉，相當傳神地表達出我的大致想法。二十多年前我擇善固執的堅持，沒想到日後竟反映在日本及歐美流行的

「頂客族」風潮上，以及隨之而來的少子女化趨勢。我在銘傳至少碰到三個頂客同道，他們俱是擁有博士學位的高階主管，夫妻皆有收入，衣食無缺，但都嚮往無後主義。這是很有意思的「生命情調之抉擇」，跟我的現世主義人生理念彼此呼應。倘若沒有後代可以寄託希望，則此生於現世大可揮灑自如。我當老師正好三十年，桃李滿天下，如果能有一二堪稱英才，即死而無憾。至於二十多部著作，若有一二得以傳世，則更是於願足矣。

　　不過話說回來，沒有子女固然瀟灑，老、病、死三件事就得妥善自理了。自理的前提，首先要有一定經濟基礎；而身為中產階層，又必須有相應管道可以落實。為此我特地跑去老人福利推動聯盟，買了一本《老人財產信託操作手冊》；它指引中老年人士如何將部分財產交付給銀行信託管理，讓人生盡可能達到無後顧之憂的境地。這些自處之道，無異於中高齡生命教育。生命教育的特色之一為「各自表述，各取所需」，我認為將希望寄託在子女身上或宗教方面，都可能是鏡花水月總成空。求人不如求己，在有生之年身心清明之際，將老、病、死之類隨後而至的「後事」一一安排妥當，人生就沒什麼好牽掛的。我所抱持的世俗人生觀比較接近道家思想，以莊子為典型人格；他的鼓盆而歌、死後薄葬等豁達態度，始終為我所嚮往。

新中國的目睹 (2009-10)

　　撇開行政工作的忙盲茫，以及不時浮現的老病死，五十六歲這年，我放下一切休假去了。其實大學教師原本輕鬆，一年只幹八個多月的活兒，卻領十三個半月薪水；此外為了評鑑要求，學校更得效法美國，訂定教師休假研究辦法，讓教師連續任教七年後，可以自由支配一年時間去作研究。這對我而言是評鑑最實惠的影響和作用，於是申請到大陸從事研究，以北京為據點，至各地訪問交流。2009年9月初我啟程赴京，因為先前在當地有置產，所以一住兩個月，生活完全融入小市民之中。這其間我先後前往重慶、瀋陽、大連、長沙、濟南等地參訪、開會及演講。然後踏著大雪後的泥濘趕往機場，轉機返回臺灣，完成第一階段的研究。我的研究結果有個弦外之音，那就是中國真的站起來了，其勢無可擋，臺灣必須全面調整腳步，否則只會更進一步邊緣化。

　　我無意長他人志氣來滅自己威風，但確實是感慨萬千。從我踏進北京那一天起，便無時無刻不感受到大陸在迎接新中國成立六十年的積極準備和歡欣氣氛，這時離「十一」慶典還有三個禮拜呢！而時間越接近，宣傳攻勢

更是覆天蓋地蜂湧而來，幾乎令人無法招架。大陸是集權政體，搞宣傳自有一套，但是在硬體發展方面也是玩真的，國慶閱兵所展示的武器，幾乎都是本國生產。我這回恭逢其盛，碰上十年一度的大閱兵，雖無法到場觀禮，但是從電視轉播看見距離我住處兩公里外天安門前的活動，還是十分震撼。至於空中分列式則抬頭由窗外便望得到，更有身歷其境之感。觀賞整整兩年半小時的壯盛軍容和綵車遊行之後，我竟陷入一種時空紛亂的情境，把我帶回兒時看雙十節閱兵的激動中。

　　兩岸的「國慶」只差九天，對方轟轟烈烈，我們無聲無息，甚至連升旗等任何具有象徵意味的活動都免去，卻說要等民國一百年再大肆慶祝。對我這個生長於臺灣的所謂「外省人」而言，深感情何以堪。我多麼希望在有生之年看見一個強盛繁榮的中國，結果大陸做到了。雖然在內地置產，但我很清楚自己不屬於對岸。這種糾纏於大時代故事的生路歷程，是我這輩人的無可奈何，卻也是真真確確的生命故事。臺灣有句俗話稱「一種米養百樣人」，就生命教育來說，每個人的生命故事都是無與倫比的。其實不只有生命，還包括生存與生活在內。我在此前一年半之內寫了八篇論文言及三者之關聯，沒想到2009年5月雲南省教育廳也全面推展所謂「三生教育」，與我所言不謀而合，看來這方面仍大有可為。

觀人生

自我生命教育

當老師的使命 (2009-10)

　　2010年7月中，我結束三度前往北京的休假研究行程，搭乘直航班機，以兩個半小時的飛行時間返臺回家。此前一天，應北京市殯葬管理處處長的邀請，在市郊懷柔區一處民政培訓中心，對著眾多市屬殯儀館館長與公墓主任，做了一場「務虛」演講，主題是殯葬管理與教育。在內地，「務虛」的提法與「務實」相對；後者是就事論事，前者大致可視為觀念啟蒙。管理可分三大類：政治部門的行政管理、經濟部門的企業管理，以及社會部門的非營利管理。殯葬為民生所必需，具有公益性質，理當歸於行政督導下的非營利活動，無奈在兩岸都被看作暴利行業。加上華人的死亡禁忌，使之始終被邊緣化，亟待通過學校教育及社會教化，以移風易俗並推陳出新。為此我在演講一週後，與臺灣一家大企業集團旗下的技術學院接洽，希望設立殯葬科系，卻因為後臺老闆的忌諱而不了了之。

　　很少人不怕死，但死亡禁忌卻讓人們出奇地不理性，著實讓我咋舌與納悶。當時國內推動殯葬科系的設置已歷十三年；除了曇花一現的南華生死管理系，以及正式但不正規的空大生命事業管理科，成型的僅有仁德醫專生命關

懷事業科，屬二專性質。而我當老師超過四分之一世紀，過去只認為教書是作育英才的個人責任；多年推殯葬科系到處碰壁，反而增強了我對移風易俗的社會使命感。這一年休假研究的課題是生命教育，它廣涉生老病死，死亡教育及殯葬教育遂成不可或缺的內容。算一算我至少還有三年老師好當，把當老師以從事觀念啟蒙，作為生涯發展的使命，倒不失為一份歷久彌新的理想。新學年課表上排有兩班「生死學」，如何讓年輕孩子「置之死地而後生」，多少跟教他們一技之長同樣重要。

休假雖名為研究，但有相當多的時間賦閒，讓心情得以沉澱；有時積澱太深，反而靜極思動。趁我還能動之際，希望扮演好當老師的角色。我想到自己上無父母，下無子女，除老伴外無依無靠，但也無拘無束。由於教的多為研究生，尤其是在職進修的教師。教師教育正是我可以為之奉獻的事業，而此中的使命則為生命教育。一度欣聞銘傳教育所將更上層樓，申請設立博士班，我竟奢望有機會當上「博導」。「博導」是大陸教育界對「博士生導師」的簡稱，屬於最高層級的老師，因此常被當作尊銜印於名片上。然而我畢竟非教育學科班出身，以哲學博士躋身教育研究所，頂著的唯有正教授身分，可發揮的也限於教育哲學、生命教育之類課程，更沒有持續在國際期刊上發表夠格達標的學術論文。於今回想起這一切，只能說是一廂情願的顛倒夢想吧！

為人師 的倫理 (2010-11)

　　大學教師休假研究的制度沿襲自美國，而美國的作法
又源於猶太傳統民俗，讓土地耕作七年後休養生息一年；
如是老師們可以在教滿七年時離開工作崗位，找個幽靜所
在沉思默想、讀書寫作去。慣例上這是教授的特權，但副
教授、助理教授似乎更用得著它，以靜下心來撰寫升等論
文。我在五十六至五十七歲間有幸休假一年，得以埋首著
述，並整理舊作。銷假重返杏壇時，兩種十餘萬字的專書
亦隨之出版發行，算是繳交了豐富的研究成果。於此期
間，我以一篇登載於A&HCI期刊上的教育哲學論文獲得學
校獎勵，並先後走訪了廣東潮州的韓山師範學院，以及福
州的福建師範大學，大力推廣我的華人生命教育理念。在
這一兩年內，我的生命教育關注焦點，逐漸從對學生轉移
至對老師的身心安頓上。

　　養精蓄銳後返校復職，適巧教育所讓我開了一門新
課「教育倫理學」，得以在教師生命教育方面有所發揮。
我即於暑假期間撰成論文一篇，闡述生命教育跟教育倫理
的關係，作為開宗明義的上課講義。生命教育是一套源生
於臺灣在地的教學理念與實踐，自1997年躍上講臺，一度

為官方寄與厚望，而得以獨樹一幟，近年則面臨被收編為學生訓輔一環之勢。不過由於名稱十分正向，不但官方喜用，民間尤其是宗教團體更愛不釋手，乃出現「各自表述，各取所需」的多元發聲景象，倒也令人期待。經過十餘年的推動運作，生命教育從一所教會中學的倫理教育課程，逐漸發展成為全國普通高中的選修課程類型，包含八門科目，共計十六學分，內容涵蓋哲學、心理學、宗教學、生死學四學科。

這套生命教育類選修課程於2010年九十九學年度正式落實在各普通高中，日後將擴充至高職及五專前期，並於十二年國教實施後向下紮根到國民中小學，看來情勢大好且大有可為。既然新課程風光上路，配套措施和資源總得一併到位。而當全國所有高中生在畢業前至少選修一學分生命課，教師能否勝任、師資從何處來等問題，實為我所關切。好在新學期三個班約七十名研究生修習「教育倫理學」或「教育哲學」的課，其中兩班是以在職教師為主的專班生，我乃順水推舟，希望喚出他們在教育生涯中的情意體驗，期能柳暗花明，發現生命之美。年輕的教師們對此似有所感，但以之為題材深入探索以撰寫學位論文，卻是另外一回事。於是我覺得還得多下些功夫，讓大家喜歡並認同生命教育才好。

身心靈的淬鍊（2010-11）

　　未似前一年的不時大雪紛飛，當我再度踏上北地以迎接新春之際，京城卻是連日晴空萬里，寒氣中彷彿少了些許年味兒。離開臺北的家到北京過年，我的心境必須有所調整。一般人家過年最重要的意義是吃團圓飯，加上女兒初二回娘家等等。我已無父母子女，兩個人的團圓飯到那兒吃都一樣。再說岳父住進養護中心，岳母去跟小姨子過活，太太已無娘家可回。人生至此不啻一片空靈，倒也樂在其中。不過樂極難免生悲，我的好吃好喝習性，在五十七歲前夕的一次健檢中，竟發現血壓、血脂、血糖、尿酸「四高」齊至。而當跨年之際一次聚餐，有好事者為大家隨機測量血糖，我的數值更高居眾人之首，被視為糖尿病頭號候選人。事實擺在眼前，世界頓時由彩色轉成黑白。

　　不得已尋醫求診，得到的指示是忌口節食、運動減重，這對視吃喝為生平樂趣的我而言何其難！攜著新購血糖機加上忐忑心情，我啟程北國之行。以帶病之身處於異鄉，觀光旅遊意境大打折扣，還得小心翼翼觀測病情發展，從而過了一個不敢造次的年節，只能自我調侃地說，

正在享受有文化底蘊的精神食糧，過著心領神會的靈性生活。2011的農曆新年，便在不見雪影、身心平淡的情況下度過。而返臺後第一件事，就是勵行運動鍛鍊。其實此前一兩年間，我的生理漸趨早睡早起，加上一度常陪伴老母逛公園，也就習慣於晨練，但總覺得運動量不夠，至少對減重無甚助益。想到十餘年前在南華醉生夢死，體重飆破九十，終於出現「三高」，然尚未聞血糖生變。如今湊齊四大於一身，心情低落可想而知。

所謂「窮則變，變則通，通則久」，我這個天生就不喜歡運動的人，病到臨頭非動不可時，只好背水一戰了。元宵節那天，我吃下一粒湯圓意思意思，然後跑到附近游泳池辦了一張會員證，每天隨時都可以下水。自己作夢也沒想到會成為冬泳一族，雖然那兒溫水、烤箱、蒸氣室都不缺，但要在寒冬大早脫衣入池來回十數趟，還是得需要一番毅力。置之死地而後生，我堅持相信「意志集中，力量集中」的道理可行。此後我每週游三至四回，同時不進米飯、拒絕甜食、多吃蔬菜水果，四個月下來，竟然成功甩肉十三公斤，「四高」亦很大程度趨近正常。唯一後遺症是減重太快竟然患膀胱結石，弄到需要住院動手術的地步。但這一切對我而言皆屬身心靈的淬鍊，無異是難能可貴的自我生命教育。

觀人生

接班導 的體驗 (2011-12)

　　我的生日在十月中,但是人生中絕大部分時間不是當學生就是做老師,因此習慣於用八月開始的學年為分期,而真正動起來則在九月初開學以後。這年開學我接到一椿新任務,擔任教育所臺北碩士專班新生的導師。專班生主要為中小學在職教師,一週利用兩三個晚上來進修碩士學位,平均歲數在三十五上下。這正是我這輩人所生養子女的年齡,猶記當年班友退伍後立即結婚,並於次年生女,女兒如今已是兩個孩子的媽,老同學則升格為外祖父矣。過去我曾經幹過大學生和碩士生的班導,雖然有些代溝,但跟青年人成天在校相處,倒也相安無事。如今來了一批既為人師長又為人父母的老學生,每週又只得一晚有機會打照面,我卻一時不知如何扮演好班導的角色。但想想大家都是成年人,也許不是難事。

　　開學沒多久,我請假赴對岸參訪、演講及開會,一去半個月。回來次日上課剛好碰到教師節,早年這一天曾經為國定假日。令我意外的是,走進教室之際,發現我們班的這群老師們,竟然自動自發辦起同樂會;自得其樂之餘,同時迎接我這個導師從大陸「載譽歸來」。當天晚上

讓我發現小學老師帶活動的本領真不是蓋的，而我也隨之手舞足蹈，返老還童一番，更無形中拉近了彼此的距離。班上同學雖個個身為老師，卻年輕得像我的子女。偏偏我始終沒有一兒半女，也就不太能拿捏跟這代人溝通的訣竅。全班三十人男女懸殊，剛好一比四。我照例拿著資料依學號個別談話，一問之下，居然發現有幾名女老師已近中年，卻仍舊待字閨中。從她們主動表達想婚的意願中，令我立即感受到這份導師工作的確不似想像的簡單。

一個讓大家驚喜的結局，就是不到半年便出現班對，而且迅速步入結婚禮堂。畢竟兩人都已過了適婚年齡，如今能夠修成正果，實予我極大欣慰。中年教師依然未婚的理由何在？在我看來多少跟職業的安定性有關。老師成天跟孩子相處，生活圈的同輩只有同僚，要激起愛情火花的機會還不如同學。我真的沒想到在職進修還有可能促成兩性交往，進而互訂終身。回想起那天我去參加婚宴的時候，感覺上就跟雙方家長一般得意與滿足。當時至少還有兩個班生渴望立即成家，後來在臉書上看見她們春風得意，好事似乎已有些眉目。果然一年內又嫁出一位，另一位也明確有譜。能夠看見她們好事成雙，順利嫁人，論文寫作也如期完成，算得上真正雙喜臨門。

研究生的指導 (2011-12)

　　我三十五歲拿博士學位，從而展開大學教師生涯。四十出頭因為去中央哲學所兼課，初次教到碩士生。四十四歲任教於南華生死所，總算有機會引領研究生系統化學習，不過鮮見指導寫學位論文。不是我不願指導，而是學生的研究方向及興趣使然。我的專門領域是哲學，歸為人文學科；學生則大多愛搞社會科學，作量化或質性研究。我雖然念過企管所，略懂社科，但畢竟非此中人；除非有人要寫人文方面的題目，否則還是讓賢的好，以免誤人子弟。2001年夏季我回到銘傳，棲身於教育所，一開始教碩士班並兼授大學部通識課，倒也得心應手。兩年後設立碩士在職專班，每屆生員一下子從十名增至四十名，師資卻未見擴充，我也只好下海當起「指導教授」。受限於學科專長，我還是盡量挑學生帶，但有時也會碰上身不由己的情形。

　　理想上跟指導教授作研究的該算是「門生」，但大多數情況碰到的只能算是「導生」，至於當班導所面對的則為「班生」。我曾把研究生寫論文大致分成三種類型：上焉者慕名而來願意追隨之而學老師那一套，居中者自己有想法而找老師協助完成，下焉者無所適從而希望老師給題

目。十年來我接手最多的就屬中間那一型，他們先擬好題目再來跟我討論細節，除少數眼高手低外，大致都能按時完成寫作，順利取得學位。平心而論，帶這類型研究生已逐漸得心應手，但總覺得無甚成就感。尤其是用質性方法寫成的教育學論文，找我指導不外跟生命教育有關。但是從一大堆所謂「敘事研究」的說故事逐字稿之中，我讀到的多屬教育而少見生命；換言之，學生的意義詮釋工夫還是不到位。

　　十年間我指引了不少導生，近期更有以電影文本為素材探討生命教育者，讀起來相當引人入勝，因為裡面同樣充滿趣味故事。但在我的心目中，豐富的文學性之下還是少了哲理性，而這正是我衷心期待的研究成果。當然我不能怪學生，畢竟他們念的是教育所而非哲學所，我無法寄望他們跟隨我搞哲學。不過事情竟然一度出現轉機，年初我回到久違的中央哲學所兼課，只有兩人選修，原本開不成，卻承蒙所長蕭振邦抬愛，動用所上經費聘我授課。說來或有緣，修課的博、碩士班各一人，聽我把應用倫理學銜接上生死學與生命教育，碩士生表示相當有興趣，竟然主動要求找我指導。中央規定兼任教師需有專任協同指導，所長慨然應允，讓我終於也有了哲學弟子。只是學生後來沒能按時提交論文口試，我又退休在即，終於失之交臂。

生日宴的水席 (2012-13)

　　年近花甲，兩鬢斑白，上車有人讓座，自己也會博愛就座；其實也沒那麼老弱，只是過重站著嫌累加上懶惰而已。老來的毛病之一乃自以為是，且日益不在乎別人的想法，越發地固執。令我偶爾感覺不太老的原因是跟年輕人在一起，其實這群也不算太年輕，大約三十五至四十歲上下，以女老師為主，所謂「前中年期浪漫族」。她們就是我帶到第二年的班生。新學年所上開了門新課「海外教育研習」，提前於暑假進行境外教學。四個老師領著三十七名專班研究生前往北京參訪一週，花兩天拜會四所大學，其餘時間到處旅遊，不亦快哉。團員中超過半數為我的班生，難得的朝夕相處，豔陽底上山（長城登頂）下海（頤和園遊湖），樂在其中，雖累卻覺年輕不少。回來後用兩個週末讓大家報告心得，再度回味那短暫卻永駐的浪漫經歷。

　　維繫浪漫情調的交流工具正是臉書，那個令人愛憎交織、憂喜參半，以及讓自戀情結充分體現的社群網站。當初所上為達多方目的，選擇了這種具備多元功能的圖文並茂傳播管道，既同步即時又無遠弗屆。它最有利於宣傳

招生，也適合導師跟班生保持密切聯繫。開始是我一廂情願，老老實實把家世背景全部羅列上去，結果在很短期間內引來一大串「朋友」，每天交換訊息，應接不暇。能夠快速擷取文字及影像確是一大驚喜，更意外的是這一年老朋友及學生都搶著要幫我慶生。結果是五十九歲前後共吃了八場生日宴，就像流水席的輪番，接連舉辦於兩週之內。這是我一生從未背過的人情債，大概也是最後一次忘懷地年少。接下去班生畢業了，我也有資格加入退休的行列，榮景終將不再。歡慶過後，學生忙著寫論文，我則啟程赴北京出席大陸全國性的教育哲學年會。

　　已是第四回參與內地全國學術會議，此種活動雖有分門別類，但一般規模總在三、四百人上下。中國高校研究生教育為師徒制，本土性會議多由博導率徒眾出席，陣容龐大，浩浩蕩蕩，好不威風。而來自各地的個別學者亦樂於共襄盛舉，藉此跟同道切磋敘舊。其形式包括專題演講、學術報告、分組座談等，可視為某一學術社群一年或兩年一度的大拜拜。過去只有內地學者出席就夠熱鬧了，畢竟所有花費都可以向服務單位報銷。近來也逐漸有港澳臺學者自費與會，這一年主辦的首師大免去境外學者報名費八百元以示好客，算是廣結善緣。我在會議上報告教育哲學跟教師教育的關係，檢視自己的教學實踐，引起對岸學者的迴響，可謂不虛此行。返臺後另一項工作是動筆寫《臺灣殯葬史》首章，此乃集體創作，為的是回應對岸撰寫的《中國殯葬史》，以鞏固在地論述的主體性。

雲端上的掠影（2012-13）

　　寒假四度赴北京過年，目的仍是嚮往大雪紛飛的景象，期待一掃過去兩年的撲空。這回總算如願以償，卻也遭逢前所未見的嚴重霧霾，空氣品質一度極差。大國首都淪落若此，無疑為過度開發經濟卻未能同時兼顧環保的惡果。而從乾冷北方回到濕冷南方，年節都還沒過完，就聽說結交十五年的老友鄭曉江教授在自家墜樓身亡的噩耗。生死哲學暨生命教育大師怎麼一下子就把身家性命給弄丟了？這對我不啻一記悶棍與棒喝，再也不敢大言不慚地妄論生老病死。我揣測老鄭之死有可能是卡繆式的荒謬意外，也可能是傅柯式的終極體驗，但無論如何都反映出世事無常。搞生死學的不少未能活出平均餘命，過去有吳寧遠、傅偉勳，如今余德慧、鄭曉江又相繼辭世，彷彿都是壯志未酬，令人徒呼奈何。往者已矣，生命的學問還有很長的路要走。我選擇從體制離退，就是為了走自己的路。

　　果然是長路迢迢，跨進本命年的上半葉，竟然驛馬星大動，一個月內出行四趟，先後走訪上海、北京、星馬、杭州，率皆為推廣生命教育。上海的清明論壇原本為鄭教授所策劃，他既無緣出席，大家便為他默哀。北京行是到

民政部一零一研究所講殯葬哲學，為傳統行業賦與生命意涵。星馬行到了號稱亞洲大陸最南方的邊城柔佛州新山市，為當地一家華人殯葬業者從事教育訓練。星馬兩國以長堤相連，一律左駕，每天十萬摩托大軍為謀生糊口來回奔波，煞是壯觀。至於杭州行則是給大陸中小學教師進行生命教育培訓，這種活動在禽流感期間仍動輒四、五百人報名參加，也是另一壯舉。幾番出入各地機場，循例拍照上傳臉書打卡，還不忘聲明為校爭光。但是當我在機上望見雲端的浮光掠影，也就在內心裏默默告訴自己，學術教育生涯該是告一段落的時候了。

　　生平無大志，加上粗枝大葉、魯莽不文，雖長期棲身於人人稱羨的學術教育界，卻一直以哲學從業員的邊緣人自居。我從未執行過國科會專案，不曾於本行系所專任教職，始終在夾縫中求生存。直到六月初一位五十二歲剛從國立大學裸退的教授告訴我，他絕不再受限於學年行事曆固定授課，而以豐厚的年金開家小出版社自己當老闆，隨時可以雲遊四海，快活似神仙。聞之好生羨慕，四天後我便決定急流勇退，去追求海闊天空、自由自在的愜意生趣。人家有政府養到老，身為私校教師，我則有幸成為「啃老族」，靠著房產啃老本。當初結婚不生小孩的「頂客」人生策略，如今看來挺恰當。自願離退意味人生典範轉移，從最早的生存競爭通過生涯發展步向生趣閒賞。一如有天搭機望見窗外的雲海山嵐、夕陽晚霞，頓感美的悸動。行年六十，作別職場體制，迎向寂然空靈，豈不美哉？

後記：人生典範轉移

　　這本個人生命故事的長篇記錄，主要回顧吾十有五有志於學至今的心路歷程，寫至六十歲告一段落。四年前意外得到整年的學術休假，算得上是生涯一大轉捩點和里程碑，得以先行體驗退休生活的空靈。近年我提倡性靈書寫，希望心有靈犀一點通。年近半百之際，我的生命情調有了極大的翻轉，拈出「後西化、非宗教、安生死」之說，嘗試通過前二者以落實後者。「後西化」係指人生思想與價值嚮往，朝著中華本土文化轉向；「非宗教」則是不沾染任何團體式宗教信仰色彩，而從傳統文化中提鍊出個人化生活美學信念；由此開出的「安生死」境界，便是在大智慧的領略下安身立命。我對中國人大智慧的認同，較偏向道家隱逸及性靈傳統。隱是躲避，逸是逃走，從體制框限的職場生涯離退，躲進逃向自由自在的性靈生活裏，反璞歸真，屬於人生典範轉移，我如今正在體驗經歷。

　　在我的心目中，莊子、竹林七賢、陶淵明、白居易、蘇東坡、唐伯虎、公安三袁、林語堂等，屬於一系理想人格類型。其中我最欣賞老鄉陶淵明，只因為他寫出深得我

心的「縱浪大化中，不喜亦不懼；應盡便須盡，無復獨多慮」之句。人終究無逃於天地之間，過去我一直苦思如何「頂天立地」，近年則轉向盡量實踐「隱於其中」。長期以來我發現大學教授屬於既能「兼濟」又可「獨善」的社會角色，於是充分發揮之。現代社會的確有一種人，擁有較大的生活自由度及揮灑空間，那便是獨立執業的「師」級專業人士。醫師、律師、建築師、會計師皆屬之，教師亦在其中。但近年教職卻不時受到諸如評鑑活動等行政影響，人在江湖身不由己。如今我休假歸來已歷三年，終於走到服務期滿可以榮退的階段，謹以此反思記錄明示心跡：「享閒賞情趣，親性靈體驗；做隱逸文人，過澹泊生活。」

　　人生可大致分為生存競爭、生涯發展、生趣閒賞三個時期，我在前兩個時期中不時跟身處的社會形成張力，難以妥善安置彼此。直至六年前偶然讀到一位社會學者羅中峰的博士論文《中國傳統文人審美生活方式之研究》，頗受啟發之餘更恍然大悟，原來我一直是個無可救藥的「中國傳統文人」，追求的乃是同上述理想人格類型相彷的「審美生活方式」，遂拈出四句心跡以為圭臬標竿。想我從六歲入小學便與學校體制共生，其後當老師至六十歲，始終都被八月一日開始的「學年」行事曆所制約。事實上每年八一都在放暑假，這是老師與學生的共同期盼；也是其他行業的奢望。但我終於達致天天天藍的空靈境地，在無所匱乏的情況下走自己的路，只能說要不斷「感恩、惜

福、積德」。本書斷斷續續寫了五年，還一度另起爐灶，如今全幅修訂，就當作是一名傳統文人的生命敘事吧！

2013.08.08. 結婚二十八週年

附錄：生路歷程

反身而誠

　　我是個勤於思考卻拙於行動的人，考大學時選擇念哲學系，多少跟這種性向有關。更早的時候，在心境渾沌未明的年歲，我曾經考上臺北工專，因為錄取的是礦冶工程科，令我想到要進礦坑，便望而卻步。放棄學習工科，從此走向文科；是「吾十又五而志於學」的生涯抉擇，到如今四十年過去了，反身而誠之餘，我發覺其中包含著某種生命教育意義，乃嘗試通過文字書寫去加以捕捉網羅。並且跟有緣人分享。近年我持續在學校裏及社會上推廣生命教育，對象從十五歲到五十歲都有。多年的教學體驗反思，讓我領悟到生命教育主要的作用，其實就是激勵一個人去建立自己適才適性的人生觀。人的一生並非掛空流轉，而是主觀條件與客觀形式交織運行的。我在此想談談個人的體會與領悟，目的則是激發讀者的省思與安頓。

　　從自行摸索到專門學習再到以傳授此道為業，四十年哲學道路對我而言，始終不脫對人生的關注。雖然我的學位和升等論文寫的都是對於科學知識的概念分析，但是內心卻執著於如何安身立命之類的生活實踐。人生在我看來，不外是個體生命通過安頓生活以尋求妥善生存之道，

它同樣也可以進行概念分析，以表現一種「在不疑處有疑」的學問態度。哲學思考基本上就是在拆解和組合各式各樣的抽象概念，大家不要認為這無關痛癢，只要舉一個人為例，就知道思想作為工具的無限影響了，此人便是馬克思。馬克思是十九世紀的猶太裔德國哲學家，一生顛沛困頓，甚至死在異鄉，但是他不斷著書立說，進而宣揚革命，結果導引著整個二十世紀的全球發展；至今佔世界人口五分之一的中國大陸，仍受到他的思想學說主宰。

思想反應出思考的結果，思考即是動腦筋。有些人動腦筋會立竿見影，例如軟體工程師設計電腦程式，可以立刻解決問題；有些人的思想則潛移默化，例如哲學家發人所未發，影響千秋萬世。人類文明的累積，正是前人精神不朽的證明。俗話說「一種米養百樣人」，雖然一人一個樣，但是每個人只要一步一腳印地踏踏實實生活，還是有可能為社會做出貢獻。作為大學教師，我嘗試通過教學、研究與寫作，來達到心靈充實和精神圓滿的境地；至於是否不朽，那就不是我能決定的。過去八年間，我曾經使用小品文體，寫了四本哲理散文集，它們多少都有文以載道的作用，希望進行自我及個人的生命教育，同時說給好朋友聽。近日反身而誠，覺得又有些想法可以形諸文字，乃再度動筆。

自我實現

　　我的社會身分和角色是學者與教師，坐而言的機會多於起而行，我也樂在其中。尤有甚者，不同於涉及其他各行各業的學者教師，我的關注主題是極其根本、直指人心的人生哲學。人生哲學乃係對於人生觀的哲理性思索，具有相當的主觀性、個人化成分。其努力方向可以「異中求同，同中存異」表示之，也就是說，我們可以歸納出一些基本的人生哲學議題，加以分析闡明，但最終目的還是提醒指引每個人去反思、創新、實踐屬於自己的人生觀。人生哲學是「求同」的知識，人生觀則屬「存異」的智慧；通過知識的洗禮走向智慧的境地，正是哲學作為「愛好智慧」學問知識的真義。個體人生觀在理想與現實之間取得和諧圓融的效果，大致上就算達到心理學家所稱「自我實現」的人生最高需求層級。

　　正是因為我們距離自我實現的境界尚遠，所以才有為之奮鬥的目標和動機；也許終生難以達致，但終究可以讓我們產生「雖不能至，心嚮往之」的期許。我已年過半百，自我到底實現了幾分也不確定，不過當我反身而誠之際，卻對過往人生有所覺悟，乃不揣淺陋記錄下來，算是

我通過人生哲學分析所勾勒出來的人生觀省思。用文字去勾勒人生，稍微不慎便有可能天馬行空、游談無根；尤其是我採取小品散文形式書寫，隨意揮灑之餘難免失焦。為讓淺顯易懂的文字表白有跡可循，我打算把它納入一定的脈絡中去呈現，並且把這番自我反芻的體會，提示給特定對象參考。所謂脈絡，即取年齡刻度加上當下在地的時空屬性；而針對特定對象，則指即將或已經踏出校門，希望展開安身立命人生理想的成年讀者。

當下在地，正是世紀初作為華人生活圈的臺灣；至於年齡刻度，我認為孔夫子自「吾十有五」開始的人生布局值得參考運用。於是我便借用他老人家的行動方案，但稍微調整隨後的起迄年齡，以配合現代人的生涯規劃，而將朝向自我實現主要分為五個段落來鋪陳討論，那就是：十五至二十五歲為安身立命的學習階段、二十五至三十五歲係事業奠基的打拚階段、三十五至四十五歲屬更上層樓的擴充階段、四十五至五十五歲是在創新中的揮灑階段、五十五至六十五歲歸於守成中的穩固階段。至於十五歲向學以前和六十五歲退休以後，也有所綜述。如今臺灣人的平均年齡已達八十歲，對於退休後的晚年安頓的確應該做點功課。我自己正好走在五十五歲的關卡上，這些文字可視為我對自己人生的回顧與前瞻，藉由常識與知識性的哲學分析，去激發人生觀的智慧，希望讀者朋友能夠受用。

愛的結晶

　　哲學分析反映出一種「在不疑處有疑」的擇善固執，這絕非窮極無聊的多此一舉，而是退一步想的深思熟慮。比方說現在我們所討論的人生觀問題，大家或許都是從自己的人生立足點開始思考起，這固然沒有錯；但是人生的起點之前其實還有個成因，那便是我們的父母結合受孕而生下你我。當然許多人都是父母「愛的結晶」，而我們自己也有機會傳宗接代。但如今已非昔日「不孝有三，無後為大」的時代，加上自由風氣大開，生養子女不見得就是天經地義的事情。像臺灣的七夕情人節，報紙竟載有「九月墮胎潮，就從今夜起」的消息；我們不能說這一定是危言聳聽，畢竟每年至此，類似事情便層出不窮。當精子與卵子相遇，並未受到愛的祝福，未來的人生就多少會蒙上一層陰影。

　　一般人總認為哲學家是一批空談理論，對世間無所助益的人；連哲學界也意識到這種成見的影響力，於是在上個世紀八零、九零年代的西方國家，乃形成一支稱作「應用哲學」的新興學科，企圖化解理論與實踐的鴻溝。應用哲學的發展重心在於應用倫理學，應用倫理學主要探討三

大面向——生命倫理、環境倫理、企業倫理。其中生命倫理經常觸及墮胎、自殺、安樂死等議題，對此我視之為決定生不生、死不死、活不活的難題。其實就墮胎而言，並非最根本的解決之道；如果不想生，就應該先從事避孕。人類文明的重要指標之一，是把性愛發展成文化活動，而非僅止於傳宗接代；古今中外多少愛情故事和藝文作品即是明證。但是把性愛享樂與傳宗接代真正切割，則是二十世紀避孕工具發明以後的事情。

　　性愛享受是人生一大樂事，但至少要做到無後顧之憂才好；此外傳宗接代也算人生的圓滿，生兩個小孩換兩個老人，人類方能生生不息。如今大學錄取率已經破百，日後陸續有科系甚至學校要關門大吉。臺灣近十年少子化的趨勢未曾稍減，墮胎流風卻又居高不下；換言之，該生的沒生，不該生的又出現既成事實。由此看來，生小孩的確是人生中一等大事，畢竟人要出生才有人生可言。另一方面，成年人的生活中，有無孩子可謂大不同。對此我必須聲明，自己和太太結婚超過二十三年，始終奉行著無後主義；這是我們的人生抉擇，但我並不鼓勵大家效法，不過還是呼籲朋友深思熟慮。我未曾生養子女，但從事哲學思考和教育工作，相信還是可以在這方面討論發揮的。

胎　教

　　胎教是件好事，雖然它的效果不一定得到證實；但是讓準父母從懷孕期間就開始注重子女的教育，不啻也是對自己身心的洗鍊。說到這兒，我便想起中國人確實比西方人務實，因為我們有個「虛歲」的概念，這並不是虛有其表的灌水，而是把懷胎十月也算進去；如此一來，出生當天差不多接近一歲了。再說生日原本沒有什麼意義，一個人何年何月何日何時出生及死亡，大多是自然現象，跟數字不必有任何神秘的聯繫。像中國人喜歡算良辰吉時，看生辰八字，只能說是一種文化設計的民俗產物，不能太過認真，否則動輒得咎，生活便處處窒礙難行。由於受孕時間只有男女雙方心知肚明，為了有個明確客觀的記錄，一個人的人生起點即以出生日算起，但是大家別忘了自己在娘胎裏的那段時光。

　　娘胎的歲月大致經過受精卵、胚胎和胎兒等歷程；記得有回去看塑化人體展覽，在標本瓶中看見從小如米粒的胚胎，到完全具有人形的嬰兒，總算對自己如何成型有個印象。由於嬰兒未降出前與母親乃是生命共同體，且科學也證實胎兒的確具有心智活動，因此從身心一體的觀點

看，父母對腹中胎兒進行潛移默化的工夫，無疑有其積極意義甚至正面效果。個體的人生安頓，也許可以自其有神識便展開；但至少到滿十五歲以前，幾乎全要靠父母照應。換句話說，為人父母者除了要考慮自己的人生道路之外，還必須對孩子在完成義務教育之前所有的生活內容負責。由於孩子於此期間幾乎完全在受教，我們不妨把胎教、托嬰、幼教看作是一系列的助其成長活動。近年政府在推動幼托整合，我認為可以將親職教育及各種胎教作法一併納入。

胎兒是不是人？這並非容易回答的常識性問題，而是爭議不斷的科學、哲學、宗教及法律問題。前文曾論及墮胎，眾所周知天主教會最反對墮胎，他們甚至主張受精卵即擁有人的位格性質；那是由上主所賦與，非但不容旁人侵犯，更需竭力保護。位格即是人格，說受精卵具有人格尚言之過早，但三個月以上由胚胎轉成胎兒的階段，當眼耳鼻舌身一應俱全，說他擁有人的屬性並不為過；也因此到這時再墮胎，似可視為殺生了。與其墮胎不如避孕，而當夫妻或情人一旦決定孕育後代，生活就必須盡量容納此一「第三者」；整個社會也應該對孕婦細心呵護，胎教在此即成為社會教育的一環。國者人之積，生兒育女可謂厚植國力；國家在辦教育的當兒，不知道有沒有考慮從胎教開始？

三歲看一生

　　我考上大學的1973年有三位生物學家獲得諾貝爾醫學獎，他們研究的專門領域是動物行為學。其中有位學者提出一套有關學習關鍵時期的理論，後來我還曾經在心理學課本中讀到。此一理論大致是說，任何高等生物在學習生存與生活技能時，都有一段可以觀察並計量的時期。以人為例，三歲以前的模仿學習頗具關鍵性；錯過這個階段，再想學就不免事倍功半。這或許就是經驗性說法「三歲看一生」的由來。不過當初科學家注意這個現象，是從觀察小雞、小鴨、小鵝開始的，他們觀察到家禽自卵中孵出後，張開眼睛看見的第一個會動的物體，便認定是母親而追隨之。有張著名的相片，呈現這位科學家在前面行走，後面跟著一群小鵝，想必是他因緣際會當上了鵝媽媽。

　　既然是科學理論，想必可以實驗證明；我雖然沒有探詢究竟的精神，卻在一個奇妙的際遇中，意外地得到驗證。事情是這樣的，學生時代有年暑假跟同學到福隆海水浴場露營，玩得一身骯髒狼狽，回程搭火車不好意思去擠客車廂，只好窩進燠熱的貨車廂內席地而坐。我們坐在稻草上昏昏欲睡，面前疊了一堆蛋盒子。過了一會兒，奇妙

的事情發生了；當車子停靠站時，盒子卻不斷晃動。不久便見到蛋殼陸續裂開，一隻隻濕漉漉的小鴨子破卵而出。又過了一陣，鴨毛乾了，變成毛茸茸的鮮黃色，小傢伙也開始吱喳不休；重點為我是它們第一個張眼看見的物體，於是便跳在我身上打轉。那天下午我當了一個多鐘頭快樂的母鴨，苦惱的是下車時十幾隻小鴨跟著我在月臺上疾走，結果當然是一片混亂。

　　我已經不記得那天是如何收拾殘局的，要怪只能怪天太熱造成鴨蛋提早孵化，卻讓我意外地接觸到一場生命降臨的洗禮。小鴨子跟著我走是本能的反應，人之初有樣學樣不也是一樣？據說人類三歲以前的反應，還不如我們的遠親黑猩猩呢！不過只要三歲前正常地學習，日後的成就將不可限量。人跟猩猩分道揚鑣的重大差異是語言的使用，講話溝通令人類個體不斷接受刺激並作出反應，從而大大地開發了頭腦的潛力。我們不但改善了自己的生活，也創造出集體的文明。所以打算生小孩的人，必須想清楚孩子在滿三歲可以送進幼兒園以前的家庭教育要如何進行。子女這一生的成敗，很大一部分決定於這一階段的養育教化，為人父母者能不慎乎？

幼兒園

　　印象裏我是上過幼兒園的，那個年頭稱作「幼稚園」；我想自己當時一定十分幼稚，非常調皮搗蛋，以至於讓老師向我母親抱怨，我一個人要當四個人管。這件事在半個世紀後還被老母不時提及，令我懷疑自己小時候很可能是過動兒。過動兒的特性就是坐不住，而沒定性的人很可能會一事無成。不過事情也並非那麼絕對，如果讓過動兒朝拚命動的方向發展，也許會大有出息，此事已在榮獲八面奧運金牌的美國游泳選手身上得到印證。至於我可說完全沒有運動天份，好動純粹就是心浮氣躁使然。幸好年歲日長以後，我學會盡量將生活簡化與淨化，然後集中心力到少數對我有意義的事務上；即使無法專注，也不會毫無所獲。如今我覺得有意義的事情，不外教學、研究與寫作三者。

　　教學與研究是我身為大學教師的興趣和責任，至於在學校裏擔任行政工作，那是五十歲以下的人生試鍊；年過半百之後，就能免則免吧！至於寫作一事，則始終是我心目中「雖不能至，心嚮往之」的崇高事業。我雖然當過記者，曾經靠耍筆桿混飯吃，但總覺得自己在這方面成不了

大氣候，以至如今僅能寄情小品散文以聊勝於無。我羨慕那些能信手寫小說的人，猶記得住校時在宿舍內吃火鍋，當酒肉穿腸過之餘，只見大伙兒皆是滿口荒唐言，卻有一名學弟可以一邊手握酒杯暢飲，一邊下筆百萬大軍，此人即是張大春。另外我還聽說小說家張系國可以一邊讓兒女爬上身，一邊在筆下爬格子，這般定力不知是如何培養的？總之，我這一生對此是難以體會的，因為我既無子女又未曾寫小說。

　　有小孩的家庭可以享天倫之樂，而父母的快樂相當大程度地建築在子女的快樂身上；究竟今天的孩子快不快樂？我不太確定，唯一確定的是我在念幼稚園時，並沒有什麼造成不快樂的壓力存在。但願不是我跟不上時代，現在的兒童似乎要學習的內容實在太多，例如外語、電腦、樂器等等；當然這些都是未來的事業發展及生活修養之所需。不過我總覺得太小就接觸難免揠苗助長。也許樂器應該從小學起，可是一個五音明顯不辨的孩子，買臺鋼琴給他就嫌多餘。我同意在幼兒園階段應該及早發掘孩子的潛能，但為人父母者不能陷入「避免輸在起跑點」的迷思；而一味去讓子女學東學西。有時候放羊吃草是最好的學前教育，何況有些兒童確實可能大器晚成。起跑點固然重要，但唯有跑到終點才算數，不是嗎？

初　小

　　八月底、九月初是中小學開學的日子，報載有小學校長率領主任於開學當天，列隊歡迎小朋友的到來，並送上青蔥一支及智慧卡一張，象徵來年大家變得更聰明也更有智慧。這真的是別出心裁的作法，相信頗得孩子們喜愛，也更樂於去上學。相形之下，托兒所和幼稚園的情況就不同了；尤其是小班生，家長不捨子女頭一天去過團體生活，還得演出一場十八相送才罷休。其實幼教並非義務教育，從小一開始才算是。公立國小規定要六足歲方能入學，我出生於十月，差了一兩個月，因此便在未足歲的情況下改念私校；好在當年以軍人子弟身分獲得補助，否則學費貴得驚人。不過在那個惡補盛行的年代，私校的填鴨政策確實發揮相當大的功效，讓我們班三十八人全部考上初中，我還錄取第一志願。

　　回想小學六年加上初中三年，的確是我的啟蒙年代；如今的九年一貫，當年分為國校和初中兩階段，後者是用考的。小學時代的生活確實有些記憶模糊，不過初小階段學習的課程名稱，我至今仍有印象，那便是國語、算術、常識三門課。這三門課現在分屬語文、數學及生活三大學

習領域，其中的常識課最為我所重視。經歷了半個世紀的知識洗禮和學習生活，自己甚至成為學者及教師，我肯定生活來自常識，「常識即生活」。為了提倡我的常識哲學，近年我甚至寫了一本題為《從常識到智慧》的小書。事實上，時下初小的「生活」領域，到了中小以上便分化為「自然與生活科技」、「社會」、「藝術與人文」等領域；它們所反映的，正是自然科學、社會科學、人文學三大知識領域。通過知識學習可以從常識走進智慧之境，但是知識不該背離常識，否則就與生活不相應。

我的初小教育主要是識字教育，由於我日後成為文字工作者，這裡當算是最重要的啟蒙時期。中國人使用方塊字，古代講「六書」以示文字的由來，老師也用心地教導我們一筆一劃地寫好楷體字。這種正體字因為大陸推行簡體字，遂被視為繁體字。繁體字寫起來固然有點繁，不免令人心煩，但它畢竟其來有自，此即我們造字的傳統以及締造的文明。當年我們還學會使用注音符號，如果一寫不出來，可以暫時用注音取代；但現在大陸上用的則是漢語拼音，臺灣也在低調推行。但不管是用臺灣這套國語文，還是大陸的漢語中文，華人子弟都需要完完整整、正正經經地學好使用語言和書寫文字，而非社會上流行的所謂「火星文」網路及手機語文，否則便會造成溝通斷層，甚至出現文化危機。

中 小

　　小學中年級生介於八至十歲之間，應該是身心單純、天真活潑的年齡，可是作為推動生命教育長達十年之久的教師，當我聽說臺灣學生自殺的最低年齡已降至小三生的身上，還是覺得相當吃驚與遺憾。話說我在九、十歲左右時，只會讀充滿注音符號的《國語日報》，根本不知道自殺為何事；如今的孩子接觸的則是圖文並茂的《蘋果日報》，其對社會案件的描繪常是鉅細靡遺，難免會讓人有樣學樣。政府早自十年前就開始推動生命教育，而且一起步即肩負起學生自殺防治的責任。無奈老師的苦口婆心，抵不過媒體的推波助瀾；幾年前某著名藝人上吊自殺，媒體不分晝夜地密集報導，當週全臺自殺人數立即大增便是明證。對兒童的潛移默化當以家庭與學校教育為主，只是如今社會風氣的負面影響不斷滲入，確實是一大隱憂。

　　接下去我想討論的是一種流行趨勢，它如今已降臨在小學生的身上，而且為政府所鼓勵，並大受家長歡迎，那就是學洋文。洋文一般指英語，臺灣人其實更嚮往美語，君不見到處都是兒童美語補習班林立。我小時候是從

十二歲上初一時才接觸到英語，如今還是張口結舌，不知所云。也許正是因為許多大人英語不夠溜，所以主張從更小的年紀學起，有些孩子從幼兒園便開始洋腔洋調了。現今它更具有正當性，因為由總統帶頭提倡，連國家考試都得加上英文一科。這些作法目前都美其名曰「與國際接軌」，但是看看日本人英語普遍不夠溜，卻長期以來皆行駛在國際正軌上，甚至像電器用品，早成為國際之軌。我並不反對孩子學美語英文，但是更重視下一代的漢語中文素質；如果捨本逐末，實非國家民族之福。

也許有人以為搬出國家民族的大帽子是落伍之論，身處後現代社會，應該全球化、國際化才是。的確，擁有全球視野和國際經驗，對孩子的未來事業及生涯發展大有益處。不過我倒是突發奇想地認為，與其從小花大錢學外語，不如找個有公信力的組織，去大力推動交換學生或短期留學計畫，盡量讓每個小朋友都有機會到英語國家或地區去正式上一學期課。能夠在英語環境中生活半年，也許終身受用。大家都以為美國很遠，其實作為美國最靠近東方的領土關島，與臺灣只有三小時的飛行航程。那兒駐紮了大批美軍。我們的地方教育當局可以考慮去跟對方接觸一下，看看有沒有機會讓孩子出國快樂學習。如果把學外語當成一項投資，政府更應該積極推動短期留學並積極補助才是。

高　小

　　小學高年級兒童的身心發展已經接近青少年，家長和老師的關注重點，也跟對十歲以下孩子有所不同。再說，高年級生心智活動已日趨多樣，不似以前那般單純可辨；尤其當他們涉入媒體及網路世界，再加以對兩性情感的好奇探索，表現出來的「小大人」行為與心態，往往不是成人能夠全面把握的。至於高小生全日上課，核心家庭進入第一輪空巢期，父母如何自我調整也是問題。這多少是時下的寫照，而在四十多年前我那個時代，情況似乎有所不同。我印象中自己在小學後期迅速長高長大，食量暴增；由於晚上留校補習而包飯，我通常一頓要吃五大碗飯才下桌。至於補習回到家已經九點多，睡覺前唯一的娛樂乃是黑白電視影集，主要是戰爭片。那時候沒有手機、網路和電玩，我僅有的嗜好是收集郵票與泡泡糖畫片，以及看漫畫書。

　　今日的動漫族已不只要是孩子，反而以高中及大專生為主力；我小時候沒有日本漫畫可讀，完全以在地作品為本。現在回想起來，我的一些歷史和文學啟蒙知識，還是拜連環圖畫之賜才得以吸收。當年我感興趣的是《阿三

哥》、《大嫦婆》、《陳三五娘》、《三藏取經》、《小俠龍捲風》、《地球先鋒號》等故事，反倒是對一般同年齡層所熟知的「諸葛四郎及魔鬼黨」毫無印象。這其中或許有些城鄉差距，畢竟我從頭到尾都是城裏孩子，讀的又是私立學校，加以惡補壓力無所不在，所見十分狹隘，這多少影響及我日後的心靈世界。如今的小學生雖然已經擺脫升學補習的夢魘，卻又面臨其他生活技能的挑戰，例如英語、電腦甚至學習某種樂器等。我對這些技術樣樣都不靈光，卻無損於我成為大學教授；以此觀之，父母家長大可放心讓孩子去自由發展吧！

我這本小書主要是以個人經驗談的方式，來引領讀者嘗試去樹立自己的人生觀。依我之見，人生觀大約要到十五歲以後才有跡可循；在這之前，每個人受到的都是相同的教育，現今稱為「九年一貫」。九年一貫的義務教育具有國小和國中的兩部分，其中國小又分為初、中、高三階段，兒童在其中是循序漸進、更上層樓地受教，我對此主張定向的快樂學習。我心目中的定向乃是民族文化教育，一個孩子只曉得外國童話卻沒聽說過中國神話，其處境著實可悲。如今中國藉著奧運向全球宣示成為崛起中的大國，世界各地也興起學講漢語的風潮。臺灣再怎麼說也屬於中華文化的覆蓋範圍，年輕一代無論如何不能失去文化的根本。近年兩岸都在提倡讓孩子讀經，相信這是一個好的開始。

初 中

我初中畢業那年，臺灣才開始實施九年義務教育而廣設國中，所以嚴格說來，我跟國民中學完全沾不上邊。好在近年於大學裏教中學師資生，並且擔任他們的實習指導老師，因此有機會到全省各地的國中去訪問探視。跟我們那個時候比起來，一個明顯而有趣的改變乃是男女合班。我們過去念初中是通過聯考分發的，一般都是進和尚或尼姑學校，也就是清一色男生或女生，甚至上了高中還是如此。當初男女分班有很大一部分原因是基於升學考量，避免讓少男少女分心。問題是「窈窕淑女，君子好逑」，那個少年不思春？因為身處於青春期嘛！世上原本就是男女各半、自然相處，為了要專心求學而將彼此隔離，似乎有些小題大作、不近人情。老實說，初、高中念和尚學校的經驗，加上自幼沒有姐妹，我自認深深影響及日後的兩性關係。

念小學時一開始懵懵懂懂，不覺得女生有何特別；越往高年級走，越感到女生不是很可愛便是很凶悍。抱著心目中的分別相，我進入完全是同性的初中，只好把注意力集中到漂亮的女老師身上去。可惜老師當中漂亮的不

多，年少時光遂在苦澀與迷茫裏度過。我考上的是所第一志願的初中，然而擺脫掉惡補，功課竟然一落千丈；雖然三年後還是順利考上公立高中，卻是吊車尾的偏遠學校。如今回想起來，初中三年真的乏善可陳；印象是漫畫不看了，代之以白話翻譯的古典文學作品，另外一項興趣便是集郵。那年頭政府大力宣導集郵有「怡情、益智、儲財」三大功能，使之幾乎成為全民運動。記得畢業前夕「清明上河圖」郵票問世，我早上五點去排隊，好不容易買到十套；它們到如今還躺在我的集郵本內，聽說增值了不少。

當年的初中和現今的國中還有一個大不同，那便是沒有所謂「一綱多本」，有的只是根據統一大綱編寫出來的標準本。它的優點為便於準備以應付聯考，缺點則是意識型態掛帥的與現實脫節；如此一來地理像歷史、歷史則近乎公民課。課本告訴我們，中華民國有三十五省、十二院轄市，加上西藏、蒙古兩地方；多年後我踏上中國國土，才發現完全不是那麼一回事。有趣的是，臺北市至今仍有庫倫街與迪化街，而高雄市則有察哈爾路，算是為歷史作見證。反倒是青島市東新城區有一大堆用港澳及臺灣各地命名的街道，又讓人耳目一新。四十年前的苦悶少年，如今已是兩鬢泛白；如果不是提筆寫作，塵封的往事幾乎完全淡忘。斑駁的記憶，照見我的老態；而信手拈來的塗抹，又令我有種返老還童之感。

牯嶺街少年

　　我這個人心浮氣躁，雖好讀書卻不求甚解，且喜讀雜書而非課本，因此功課一塌糊塗；別人高中念三年，我卻前後熬了五年才進入大學之門。然而事後回想，我這五年也沒有白過；雖然制式教育於我幾乎毫無所獲，自我教育卻相對呈現一片豐收。可以這麼說：上大學之前這五年，我是遊蕩在牯嶺街頭，渴望發掘心靈食糧的苦悶少年加蒼白青年。在信手拈來、囫圇吞棗、隨興抹塗之下，結果造就出一個於現實邊緣夾縫中求生存，卻永遠愛作夢而不顧甚至反抗現實的哲學系學生，以及今天的哲學教授。說我「四十年如一日」似乎有些超過，但今日之我仍看得見那年少時特立獨行的身影。四十年前我選擇了哲學，如今哲學選擇了我；但不是學院裏那些繁瑣的專門哲學，而是如常識般貼近身心的人生哲學。

　　我的人生觀之樹立，與牯嶺街有深厚的淵源。牯嶺街是臺北市南邊一條較為幽靜的街道，早年以滿布舊書攤聞名。我自高中到大學時代，時常到那兒去尋幽訪勝；不經意購得的舊書，填飽了我渴望求知的心智。說是認知的心智，但更深沉的則是抒情的性靈。四十年來，我用知識傳

授的方式，包裝熱情的生命吶喊；近年彷彿包不住了，常常在課堂上脫口而出，同學卻當作是演戲。其實當老師本來就是演藝事業；要站在講臺上，恰到好處地演示出個人的學養和技藝，讓學生有如沐春風、值回票價之感。不過話說回來，我並非有意選擇當老師的，而是「做了過河卒子，只得拚命向前」；一旦考進哲學系，除非另謀他樓，否則就要更上層樓，拿到博士學位，也就順理成章加入為人師表的行列。

　　如果把十五至二十五歲當作人生的第一輪風水，一般年輕人大多循著高中、大學、就業的途徑前行，有時也會選擇進研究所深造。依我的經驗，高中階段可說是塑造生活態度以及樹立人生觀的關鍵時期，因為社會要求我們在這個時期選擇「我的志願」，然後開始累積實力，以實現這個志願。像我太太的姪兒考上高中時，問他將來想學什麼，他一時無法確認，但肯定不會念文法。過了一年要分組，他選擇自然組，並且在理工醫農裏挑中工科為奮鬥目標；全力以赴之下，今年終於錄取國立大學電機系。這是許多男孩的典型生涯發展，偏偏我走上不一樣的道路，而且把步調弄得很複雜，高中和大學各重考一次，後來進的還是最冷門的哲學系，一切不能不說是我那混沌的意志，在嘗試錯誤下的漸次體現。

2008.10.14. 五十有五

鈕則誠二十八種著述

1979.05. 自我與頭腦——卡爾波柏心物問題初探。臺北：輔仁大學。

1988.01. 宇宙與人生——巴柏的存在哲學。臺北：輔仁大學。

1996.03. 護理學哲學：一項科學學與女性學的科際研究。臺北：銘傳學院。

1996.10. 性愛、生死及宗教：護理倫理學與通識教育論文集。臺北：銘傳學院。

2001.02. 心靈會客室。臺北：慈濟文化。

2001.08. 生死學。臺北：空中大學。（合著）

2003.08. 醫護生死學。臺北：華杏。

2003.10. 護理科學哲學。臺北：華杏。

2004.02. 生命教育——倫理與科學。臺北：揚智。

2004.02. 生命教育——學理與體驗。臺北：揚智。

2004.08. 醫學倫理學——華人應用哲學取向。臺北：華杏。（合著）

2004.09. 教育哲學——華人應用哲學取向。臺北：揚智。

2004.10. 護理生命教育——關懷取向。臺北：揚智。

2004.12. 生命教育概論——華人應用哲學取向。臺北：揚智。

2005.08. 生死學（二版）。臺北：空中大學。（合著）

2005.10. 教育學是什麼。臺北：威仕曼。

2006.01. 波普。臺北：生智。

2006.01. 殯葬學概論。臺北：威仕曼。

2007.02. 殯葬生命教育。臺北：揚智。

2007.03. 永遠的包校長。臺北：銘傳大學。

2007.08. 殯葬與生死。臺北：空中大學。

2007.11. 觀生死——自我生命教育。臺北：揚智。

2007.11. 觀生活——自我生命教育。臺北：揚智。

2008.04. 殯葬倫理學。臺北：威仕曼。

2009.01. 從常識到智慧——生活8×5。臺北：三民。

2010.09. 生命教育——人生啟思錄。臺北：洪葉。

2010.09. 生命的學問——反思兩岸生命教育與教育哲學。臺北：揚智。

2013.10. 觀人生——自我生命教育。臺北：揚智。

現代生活系列 22

觀人生——自我生命教育

作　　　者 / 鈕則誠
出 版 者 / 揚智文化事業股份有限公司
發 行 人 / 葉忠賢
總 編 輯 / 閻富萍
特 約 執 編 / 鄭美珠
地　　　址 / 22204 新北市深坑區北深路三段 260 號 8 樓
電　　　話 / (02)8662-6826
傳　　　真 / (02)2664-7633
網　　　址 / http://www.ycrc.com.tw
　E-mail / service@ycrc.com.tw
I S B N / 978-986-298-113-9
初版一刷 / 2013 年 10 月
定　　　價 / 新台幣 300 元

國家圖書館出版品預行編目（CIP）資料

觀人生：自我生命教育 / 鈕則誠著. -- 初版.
-- 新北市：揚智文化, 2013.10
面 ；　公分. -- (現代生活系列 ; 22)

ISBN 978-986-298-113-9（平裝）

1.生命教育　2.文集

528.5907　　　　　　　　102017641